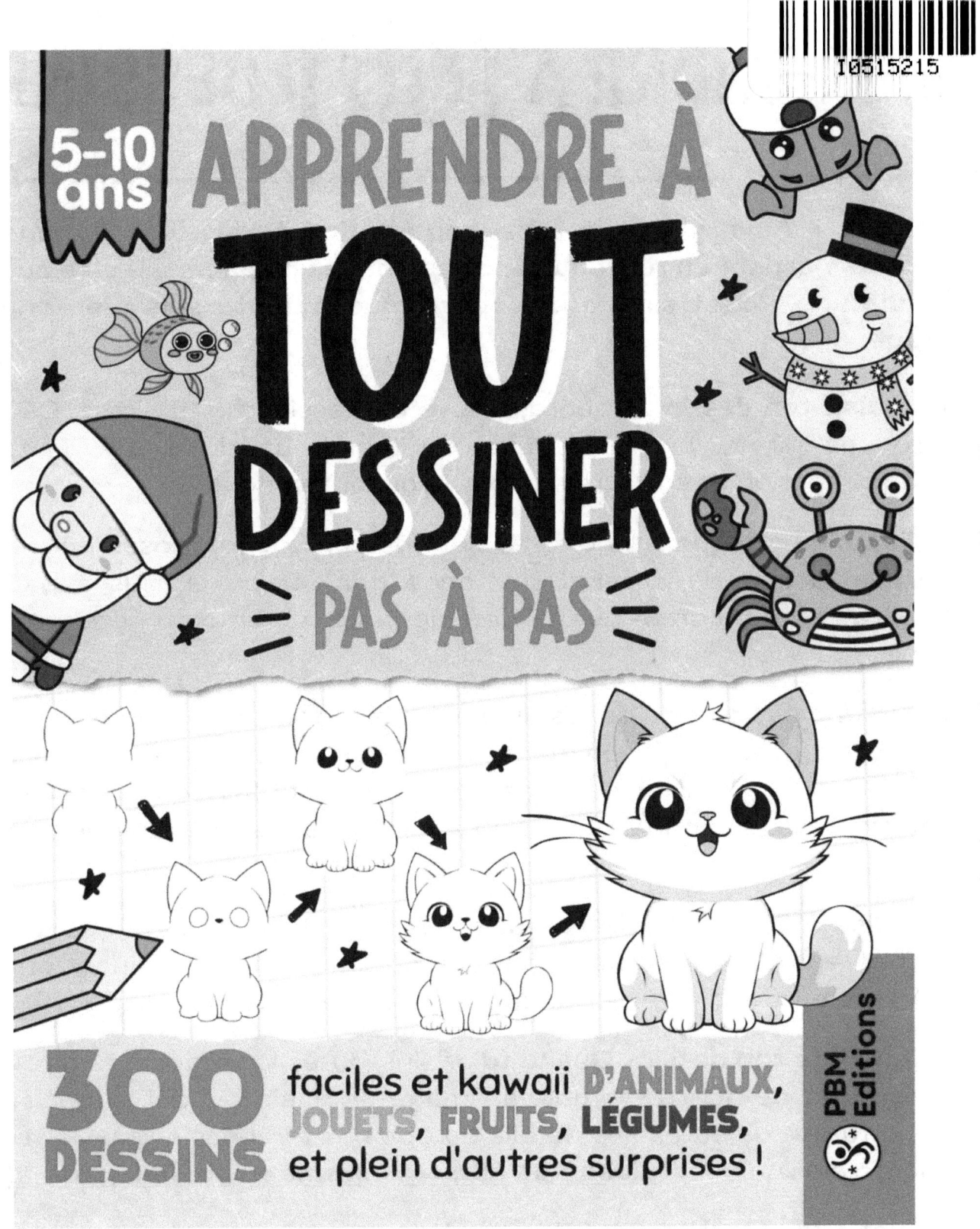

Tous droits de reproduction, d'adaptation et de traduction, intégrale ou partielle réservées pour tous pays. L'auteur ou l'éditeur est seul propriétaire des droits et responsable du contenu de ce livre.
© PBM EDITIONS.

APPRENDRE À TOUT DESSINER

Bonjour ! Aujourd'hui, je vais t'apprendre à dessiner comme un véritable artiste en reproduisant des images pas à pas. N'aies aucune inquiétude : c'est simple et super amusant si tu suis bien chaque étape.

1. Choisis ton dessin : D'abord, trouve un dessin que tu aimes. Ça peut être une girafe, une aubergine, ou même un dinosaure. Parcours chaque section de ton livre et tu vas trouver ton bonheur !

2. Examine chaque étape : Les dessins sont décomposés en petites parties faciles à réaliser. Commence par l'étape la plus à gauche. Regarde bien la forme que tu dois dessiner, comme un cercle ou une ligne.

3. Dessine pas à pas : Prends un crayon bien taillé et copie dans la case "DESSINE" exactement ce que tu vois. N'appuis pas trop pour pouvoir effacer si tu fais une erreur. N'essaye pas de tout faire en une seule fois. Par exemple, si l'étape 1 te montre un cercle, dessine uniquement ce cercle.

4. Passe à l'étape suivante : Une fois que tu as terminé la première étape, regarde la suivante. Continue comme ça, en dessinant chaque nouvelle partie jusqu'à ce que tu aies terminé toutes les étapes.

5. Améliore ton dessin : Quand tu as fini toutes les étapes, regarde ton dessin. Est-ce qu'il ressemble à l'image originale? Si oui, super ! Si tu veux, tu peux ajouter des détails ou colorier ton dessin pour le rendre encore plus unique (**_télécharge tous les dessins en couleur page 109_**).

6. Pratique régulièrement: Plus tu t'entraînes, mieux tu apprendras à dessiner. Recommence avec d'autres images, et tu deviendras vite un vrai artiste.

Et voilà ! Avec un peu de patience et d'entraînement, tu pourras dessiner tout ce que tu souhaites en suivant les étapes.

Amuse-toi bien !

TABLE DES MATIERES

ANIMAUX

Abeille	32, 37	
Aigle	17	
Alpaga	9	
Âne	10	
Anguille	42	
Ara	20	
Araignée	49, 21	
Autruche	50	
Axolotl	10	
Baleine	26	
Bernard l'Hermite	38	
Biche	22	
Buffle	25	
Cafard	39	
Calao	29	
Canard	46	
Capibara	15	
Castor	22	
Cerf	25	
Chat	12, 15, 23, 38, 40, 41, 42, 48	
Chauve-souris	25	
Chenille	47	
Cheval	9, 37	
Chèvre	21	
Chien	16, 24, 26, 27, 28, 34, 44, 46	
Chouette	43	
Coccinelle	28	
Cochon	12	
Coq	44	
Coquille St Jacques	14	
Corbeau	34
Crabe	18
Crevette	41
Crocodile	19
Dauphin	35
Dromadaire	19
Échidné	24
Écureuil	39
Éléphant	8, 50
Escargot	29
Espadon	11
Etoile de mer	12
Fauvette	16
Flamant rose	45
Fourmi	17, 35, 47, 48
Gecko	44
Girafe	8
Grenouille	43
Hérisson	8
Hippocampe	38
Hippopotame	18
Iguane	13
Inséparable	47
Kangourou	49
Koala	49
Langouste	20
Lapin	26
Libellule	13
Limule	23
Lion	9, 18, 32
Loutre de mer	30
Manchot	11
Mante religieuse	33
Méduse	11
Mille-pattes	34
Moineau	45
Morse	22
Mouche	21, 41
Mouette	27
Moustique	36
Mouton	31
Narval	27
Nautile	15
Orque	29
Ours	28, 30, 32
Papillon	33
Pieuvre	42
Pigeon	40
Poisson	17, 43, 45, 48
Poisson rouge	19
Poisson-globe	16
Poussin	23
Putois	37
Raton laveur	13
Renard	39
Renne	35
Requin	24
Rhinoceros	20
Sauterelle	14
Scarabée	36, 40
Singe	30, 50
Souris	31
Tigre	33
Vache	10, 31
Ver de terre	14
Zèbre	46

JOUETS & CADEAUX

Ambulance	52	**Dirigeable**	62	**Ptéranodon**	53
Ange	53	**Doudou**	55, 57,	**Robot**	56
Avion	56		64, 65, 66	**Sirène**	58
Bateau	60	**Fusée**	64	**Soucoupe volante**	59
Brontosaure	63	**Guitare**	54	**Sous-marin**	55
Bus	57, 62	**Hélicoptère**	61	**Stégosaure**	62
Cadeau	52	**Locomotive**	53	**Tambour**	60
Camion	63	**Montgolfière**	61	**Tracteur**	56
Camionnette	55	**Moulin à vent**	61	**Tricératops**	59
Chat licorne	54	**Navire**	59	**Tyrannosaure**	66
Château	66	**Pelleteuse**	54	**Vélo**	58
Cheval	57	**Poupée**	65	**Voilier**	58
Dinosaure	52	**Princesse**	60		

MAISON & ECOLE

Agrafeuse	74	**Crayons de couleur**	71	**Règle**	74
Ampoule	74	**Dentifrice**	71	**Sac à dos**	76
Boite de crayons	75	**Eponge**	69	**Savon**	68
Brosse à dents	75	**Globe terrestre**	70	**Serviette**	76
Calculatrice	72	**Gomme**	70	**Shampooing**	76
Carafe	72	**Gourde**	69	**Stylo**	75
Chevalet	72	**Livre**	69	**Tube de colle**	73
Ciseaux	73	**Pantoufles**	68	**Tube de peinture**	68
Crayon	70	**Pinceau**	71	**Ventilateur**	73

FRUITS & LEGUMES

Abricot	92	Cupcake	90	Orange	91
Ail	81	Doughnut	79	Pain de mie	86
Ananas	81	Fraise	91	Pain vapeur	84
Aubergine	79	Framboise	94	Pastèque	99
Avocat	93	Frites	79	Petits pois	96
Baguette	85	Fromage	83	Pizza	92
Banane	97	Gâteau	78, 80, 94, 96	Poivron	96
Bavarois	97			Poulet frit	91
Betterave	94	Glace	74	Radis	90
Beurre	98	Hamburger	87	Roulé confiture	95
Brique de lait	88	Hot dog	84	Sandwich	89
Brocoli	90	Jus de fruits	80	Saucisse	89
Bubble tea	81	Kiwi	79	Soda	83
Carotte	85	Limonade	99	Sorbet	86
Cerise	93	Maïs	82	Sucette	87
Citrouille	93	Nouilles	88	Sushi	88
Concombre	97	Œuf & bacon	85	Taco	87
Confiture	83, 95, 98	Œuf à la coque	92	Tasse	85, 89, 98, 99
Cookie	95	Œuf	86		
Croissant	74	Onigiri	84	Tomate	82

FETES

Bonhomme de neige	105	Elfette	104	Ours Polaire de Noël	108
Chapeau de sorcière	105	Fantôme	102, 104, 105	Père Noël	107
Chaussette de Noël	104			Renne de Noël	107
Chaussure de sorcière	101	Frankenstein	103	Sapin de Noël	107
Chauve-souris	103	Manchot de Noël	102	Seau citrouille	106
Cloche de Noël	101	Manchot amoureux	101	Sorcière	106
Elf	103	Momie	108	Zombie	106
		Œuf de Pâques	108		

MERCI !

Merci d'avoir choisi notre livre pour apprendre à tout dessiner pas à pas !

Si tu as aimé ce livre et qu'il t'a aidé à améliorer tes talents de dessinateur, nous serions ravis que tu nous laisses un commentaire.

Ton avis est précieux et nous aide à partager nos projets avec une communauté toujours plus large.

Merci pour ton soutien.

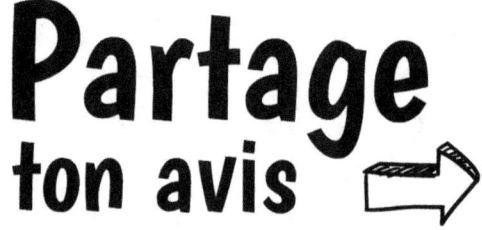 

RETROUVE VITE
TON BONUS GRATUIT
PAGE 109 !

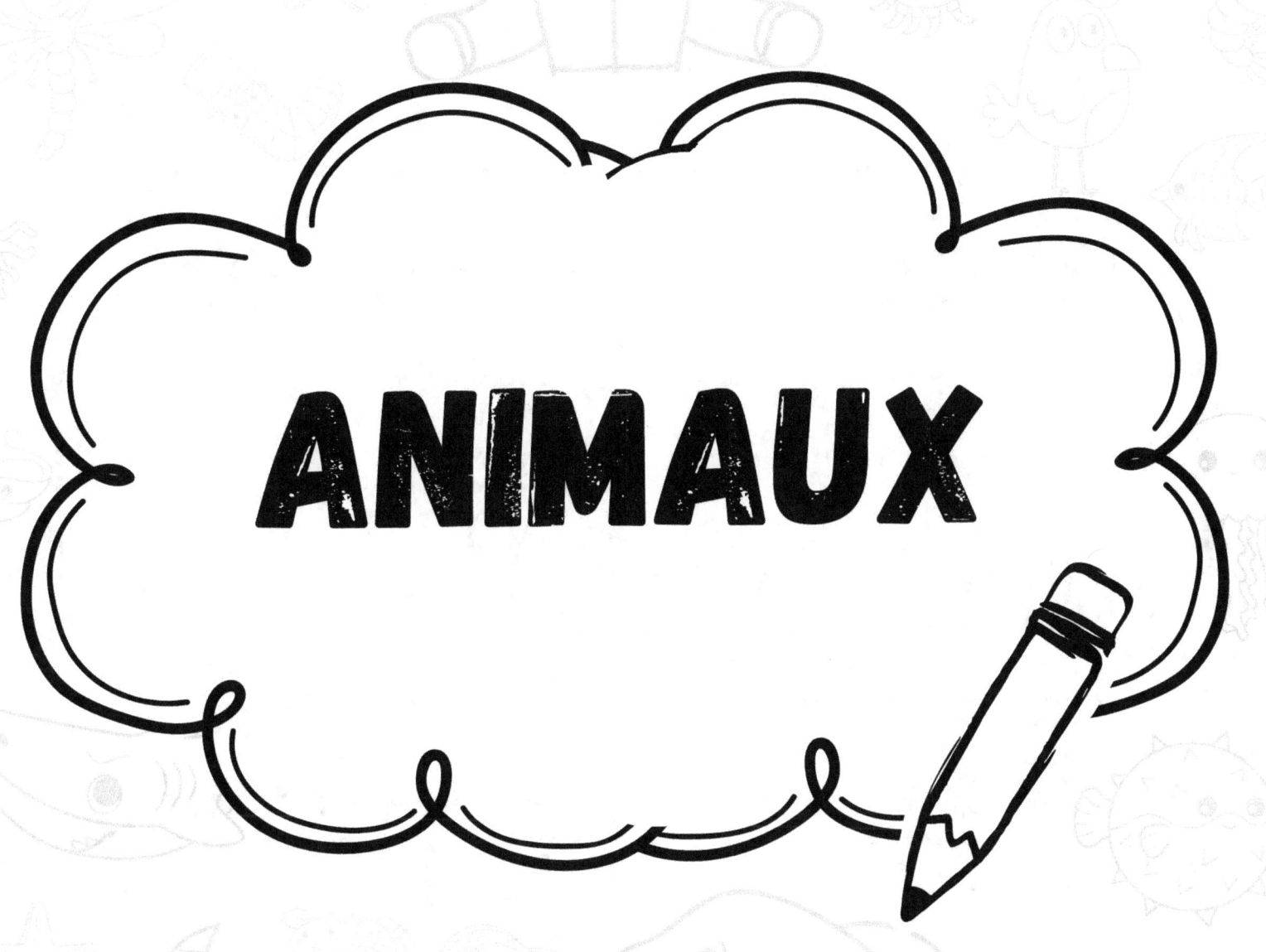

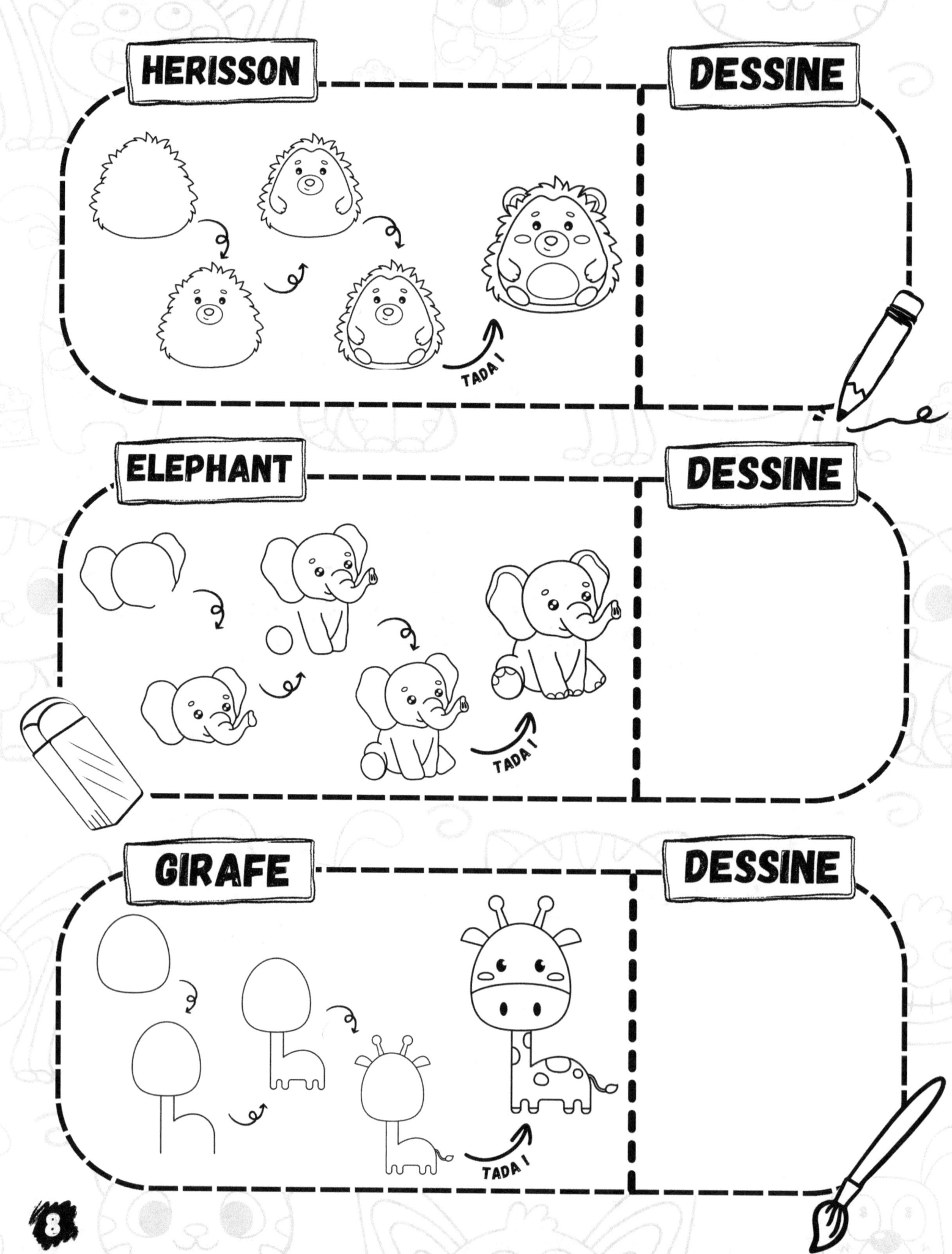

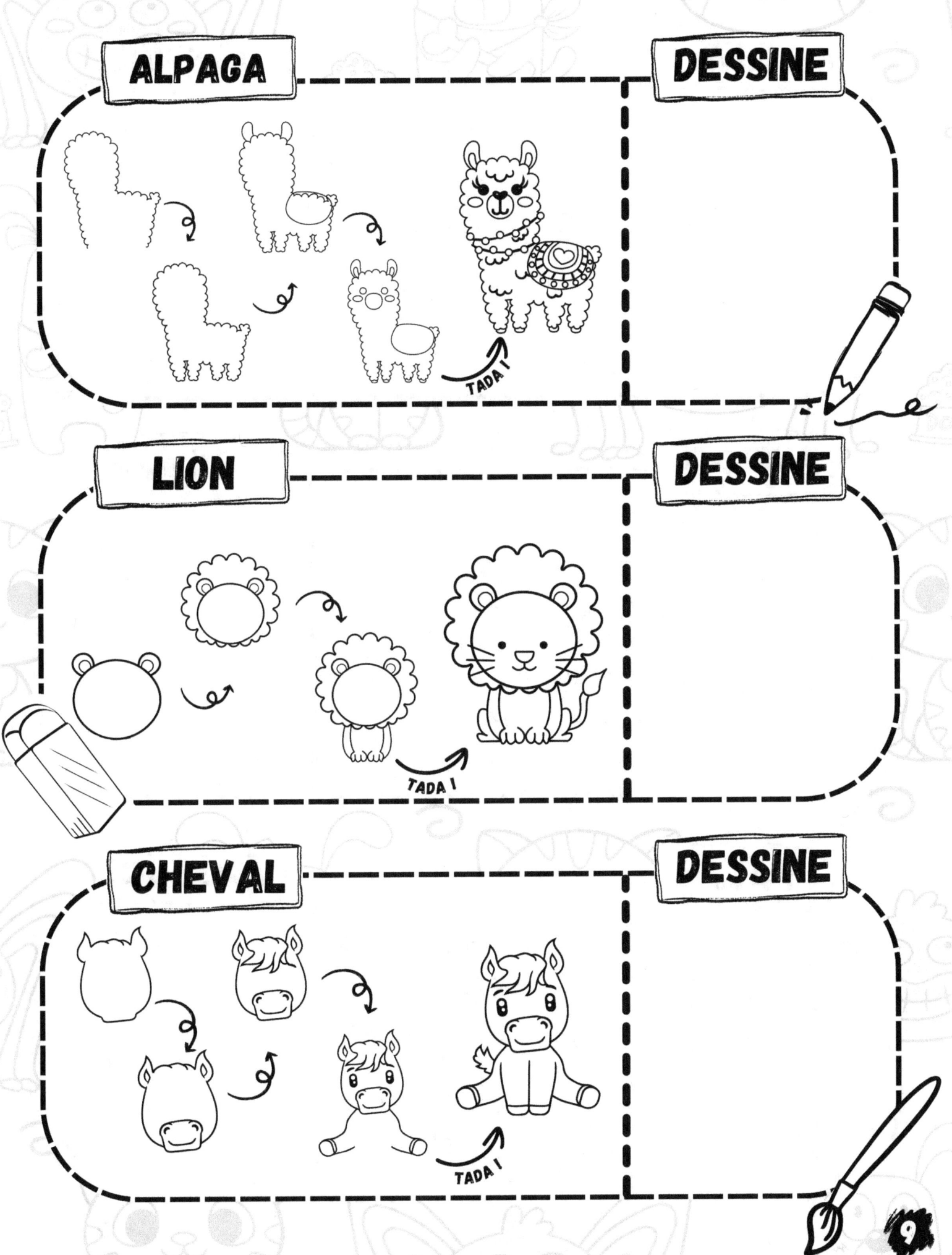

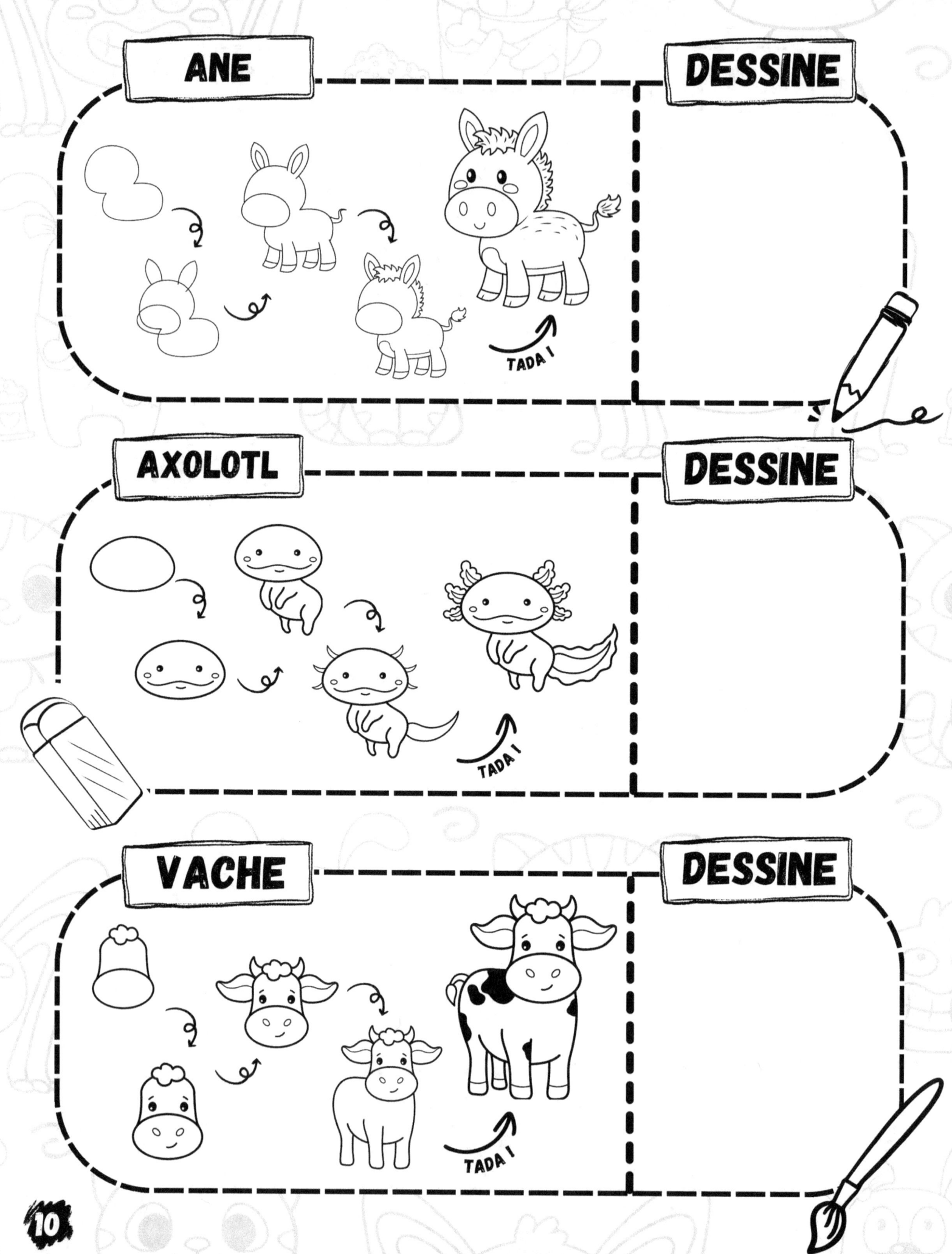

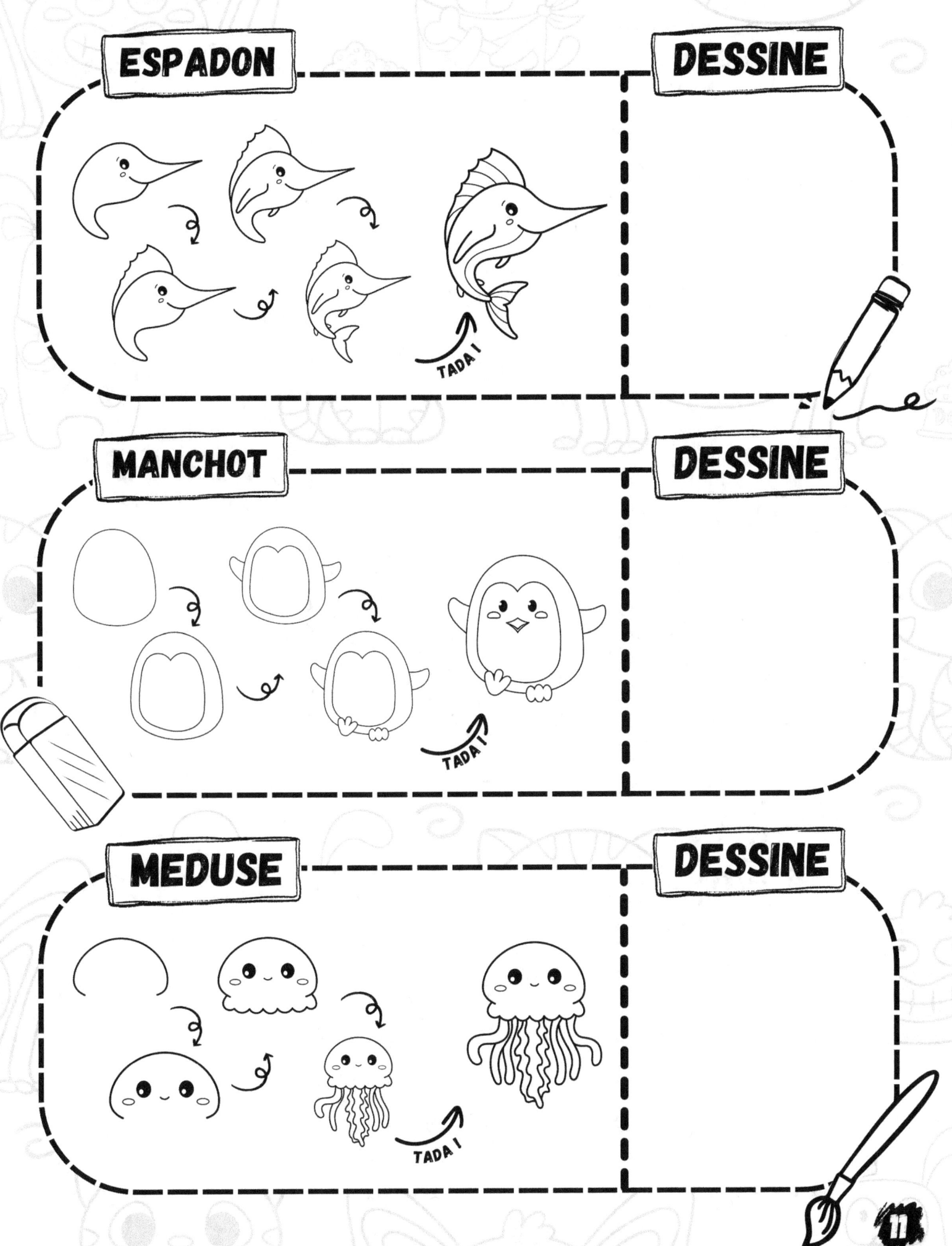

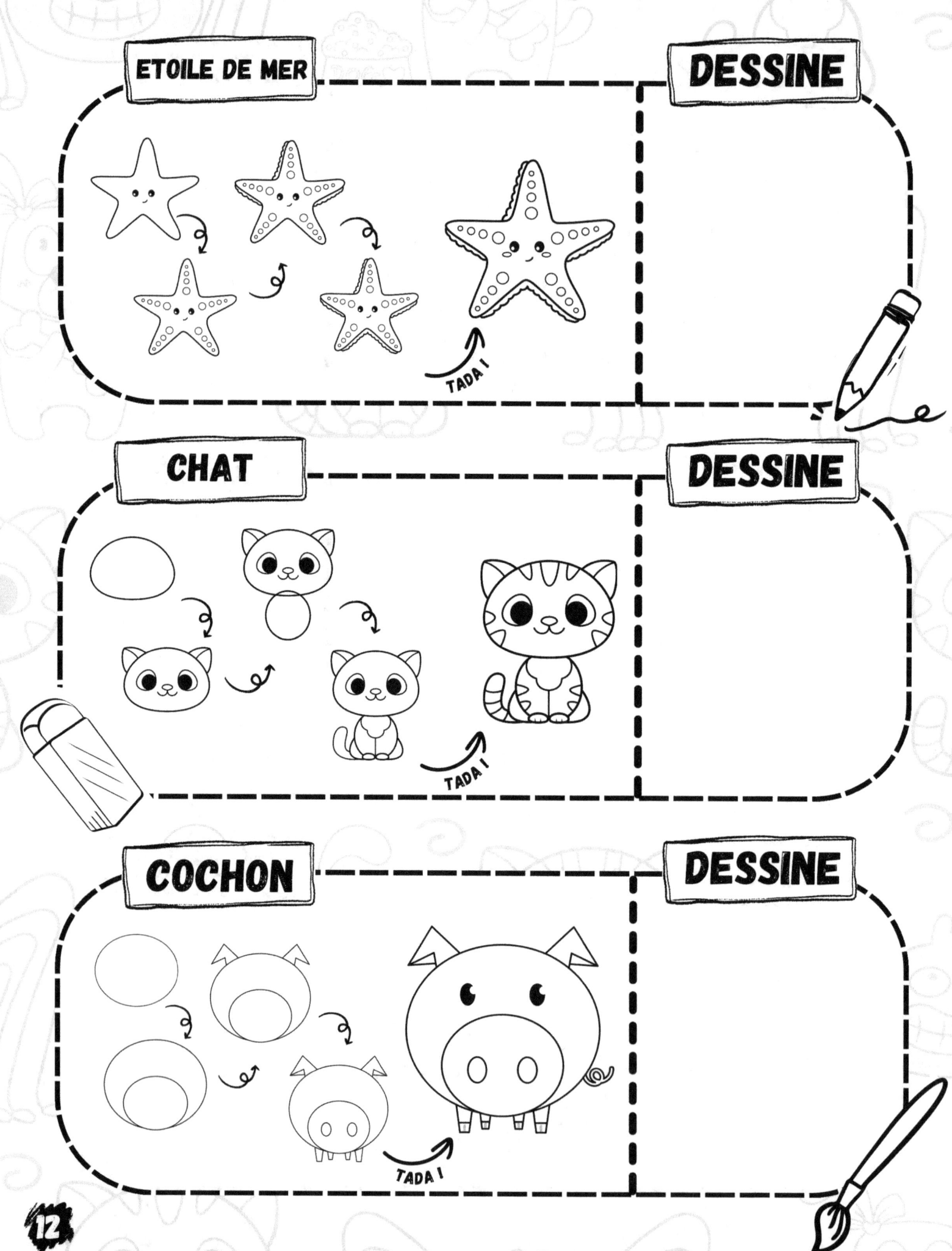

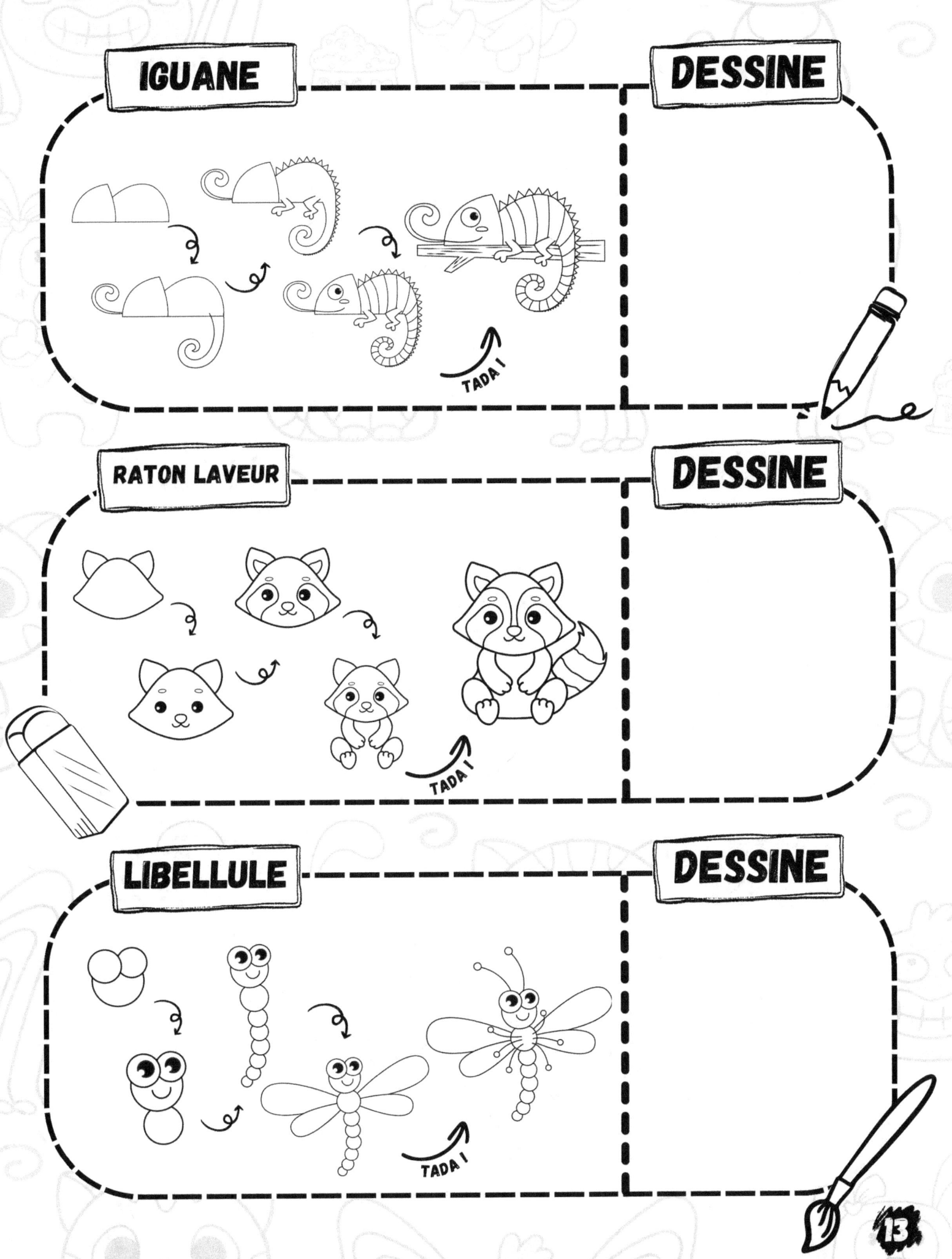

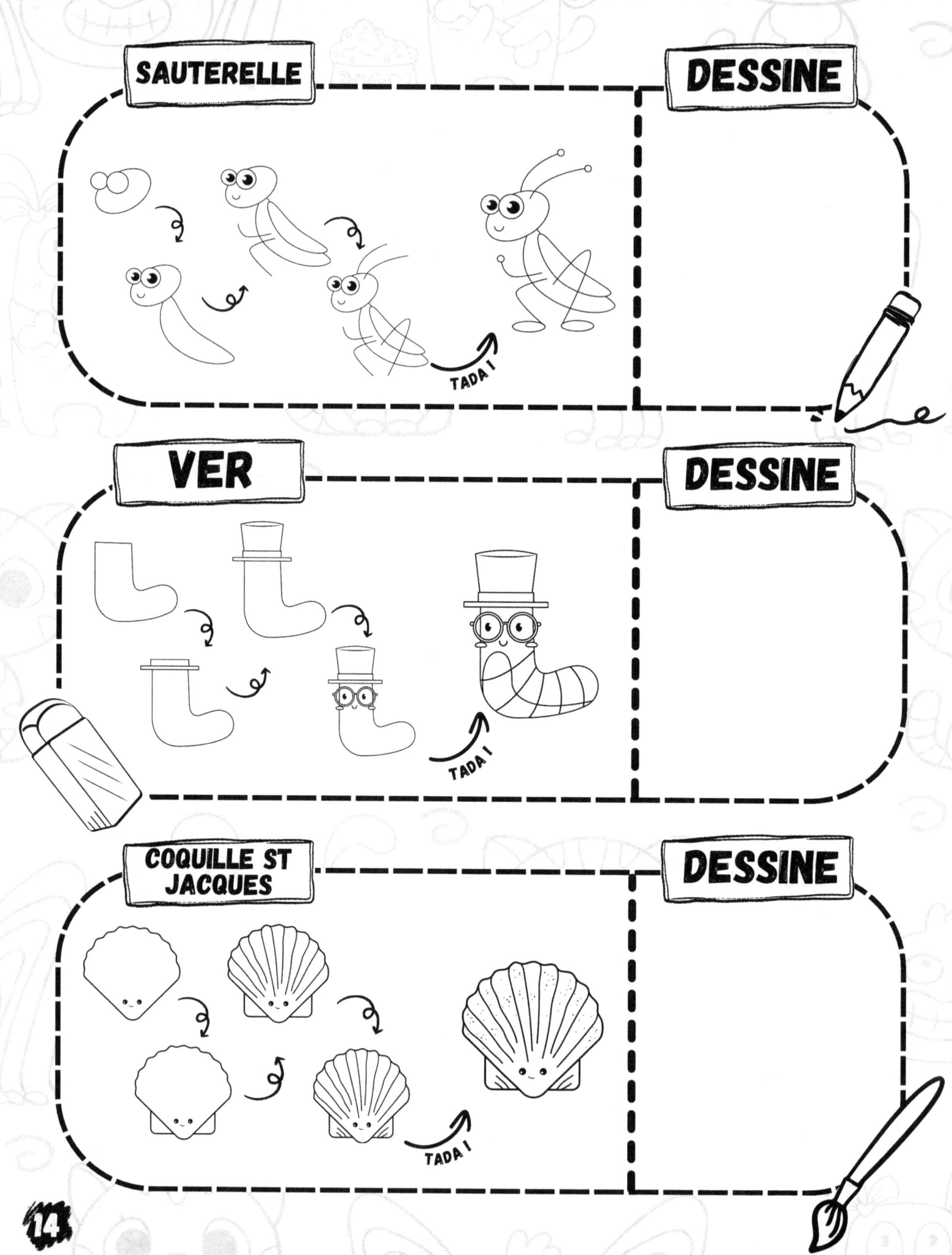

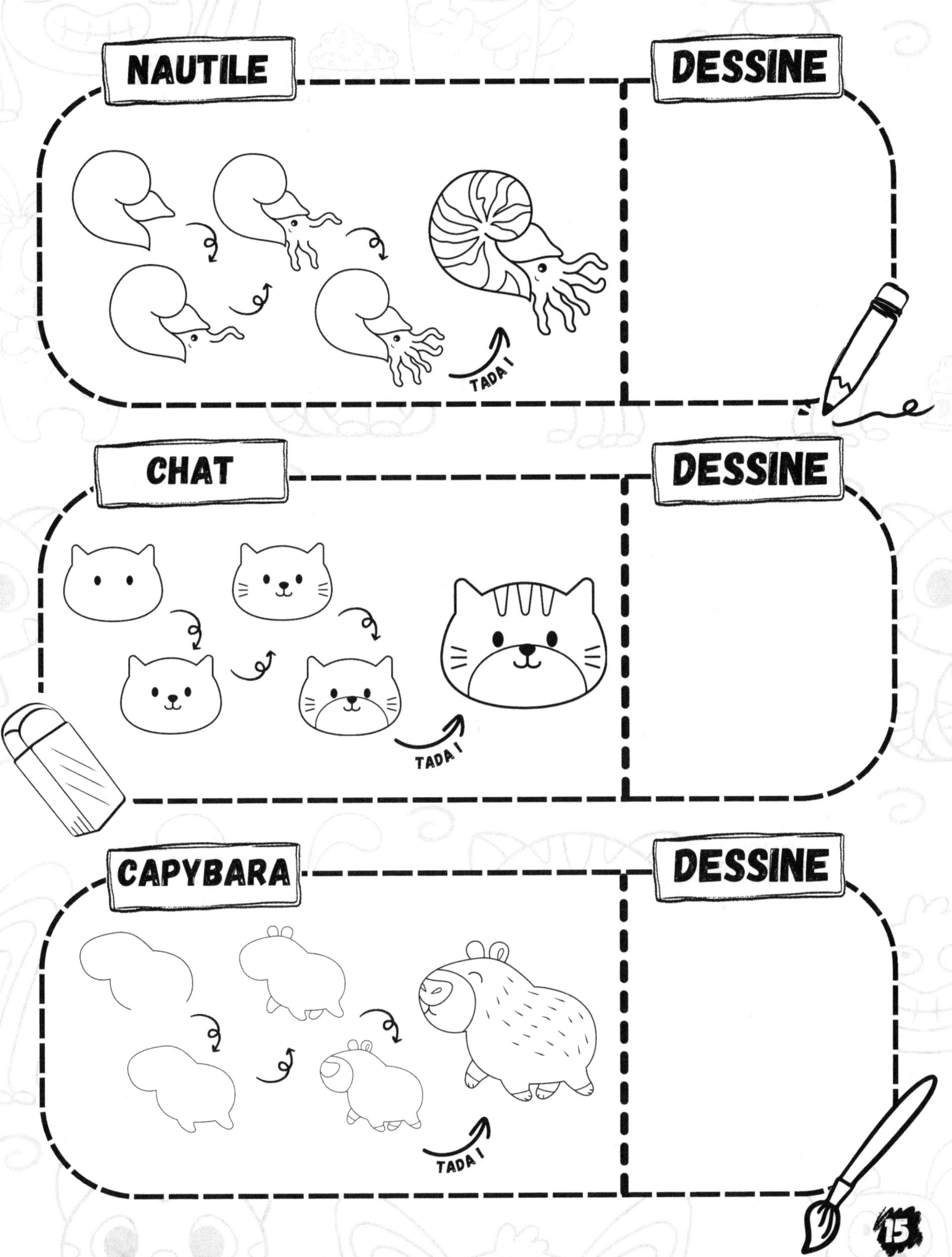

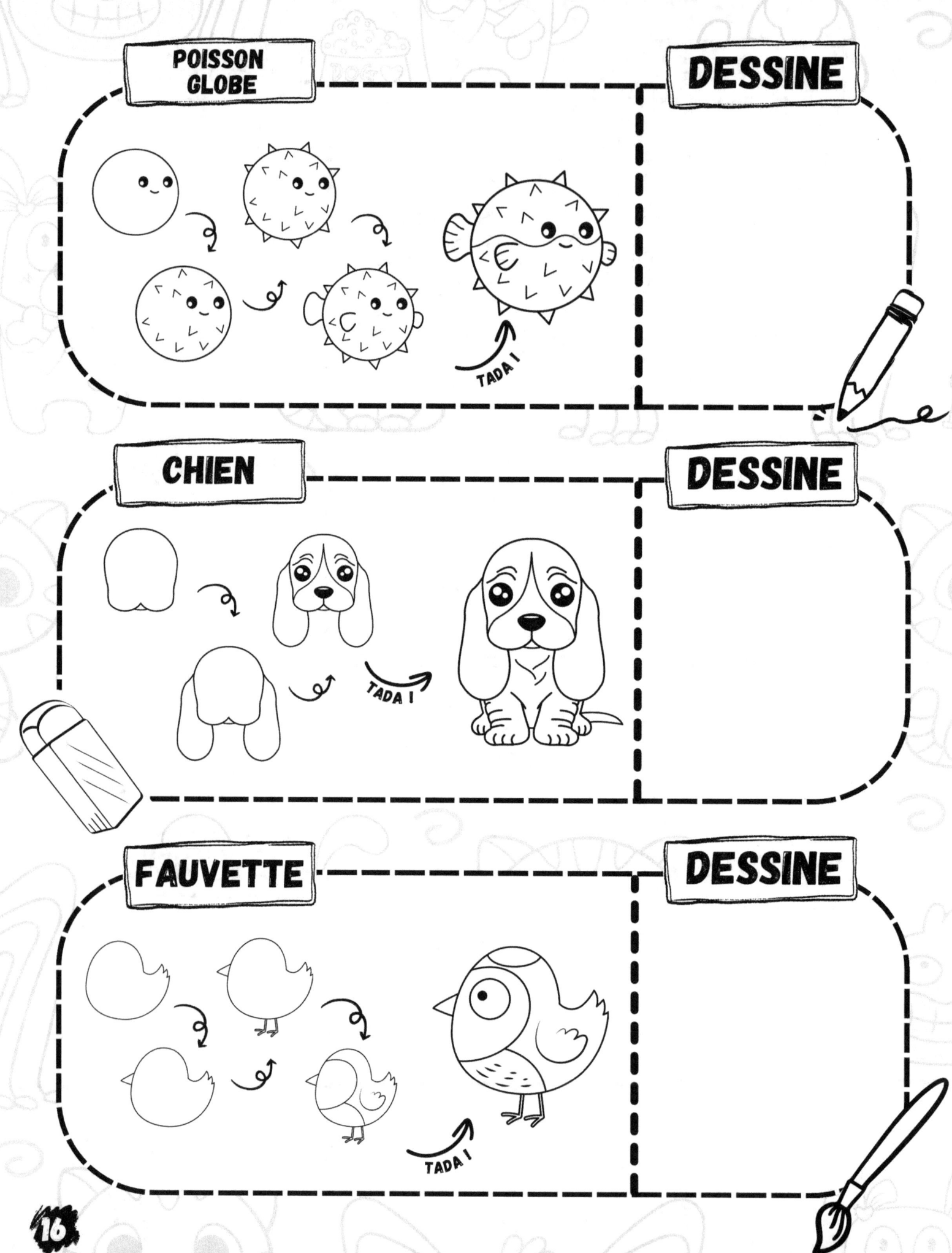

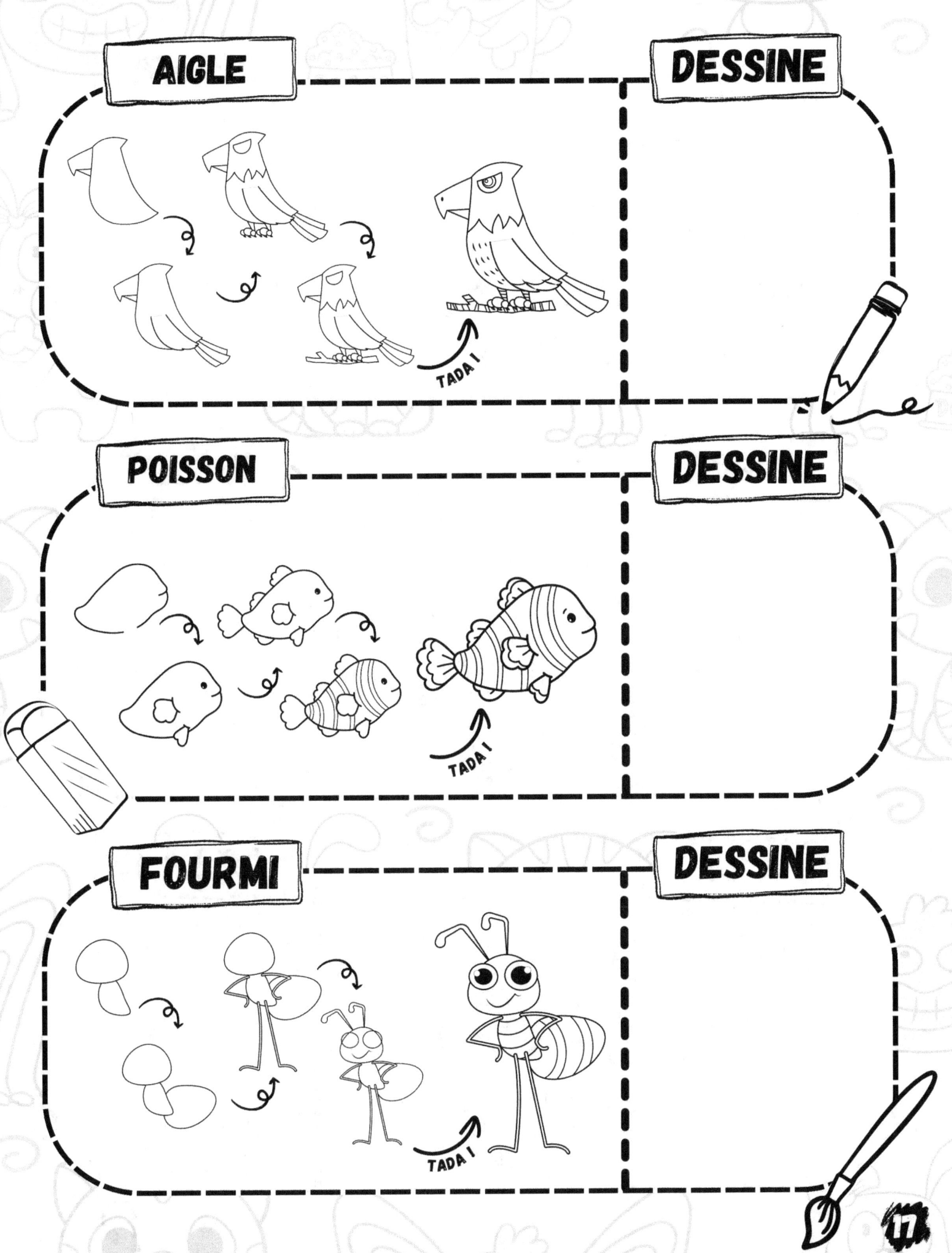

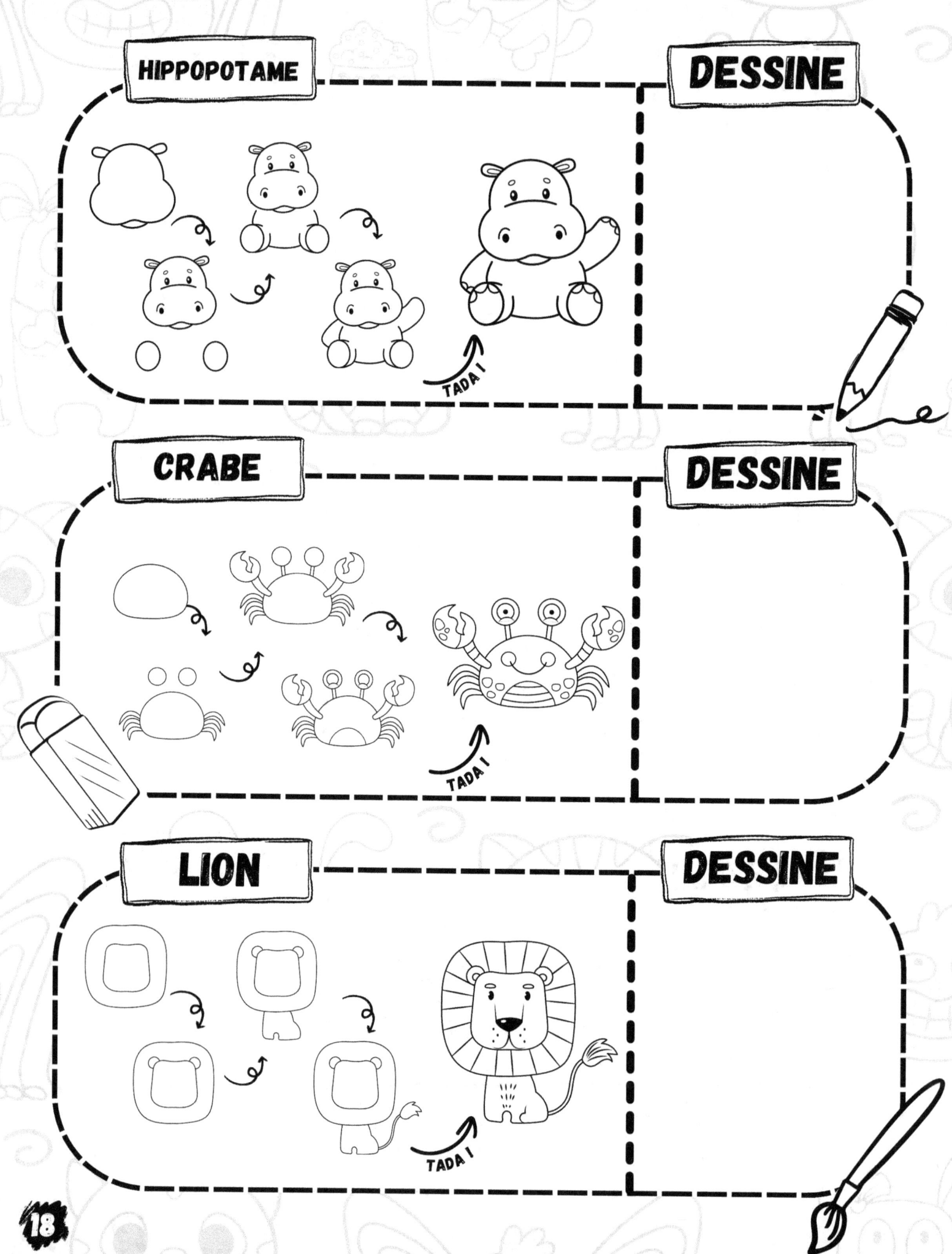

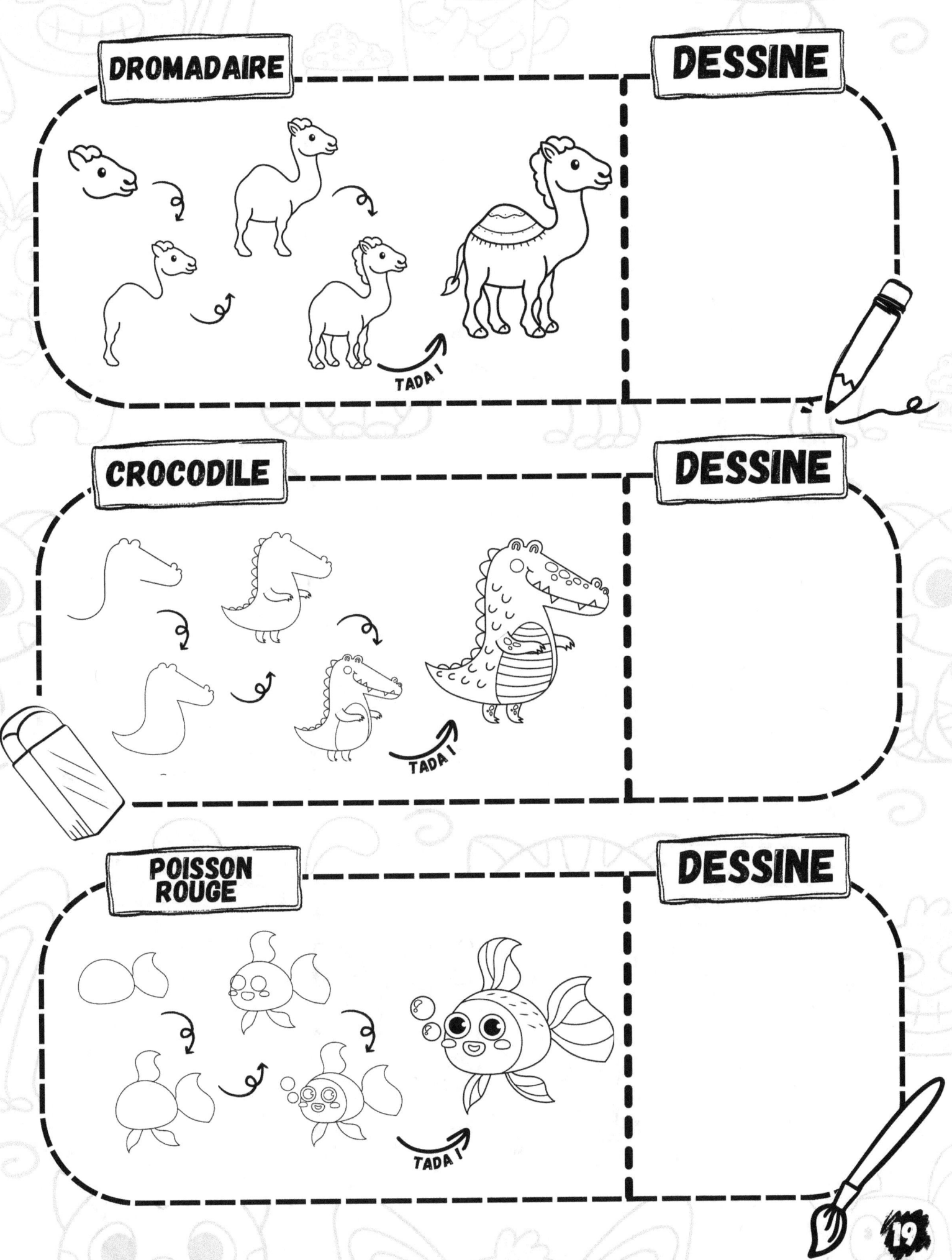

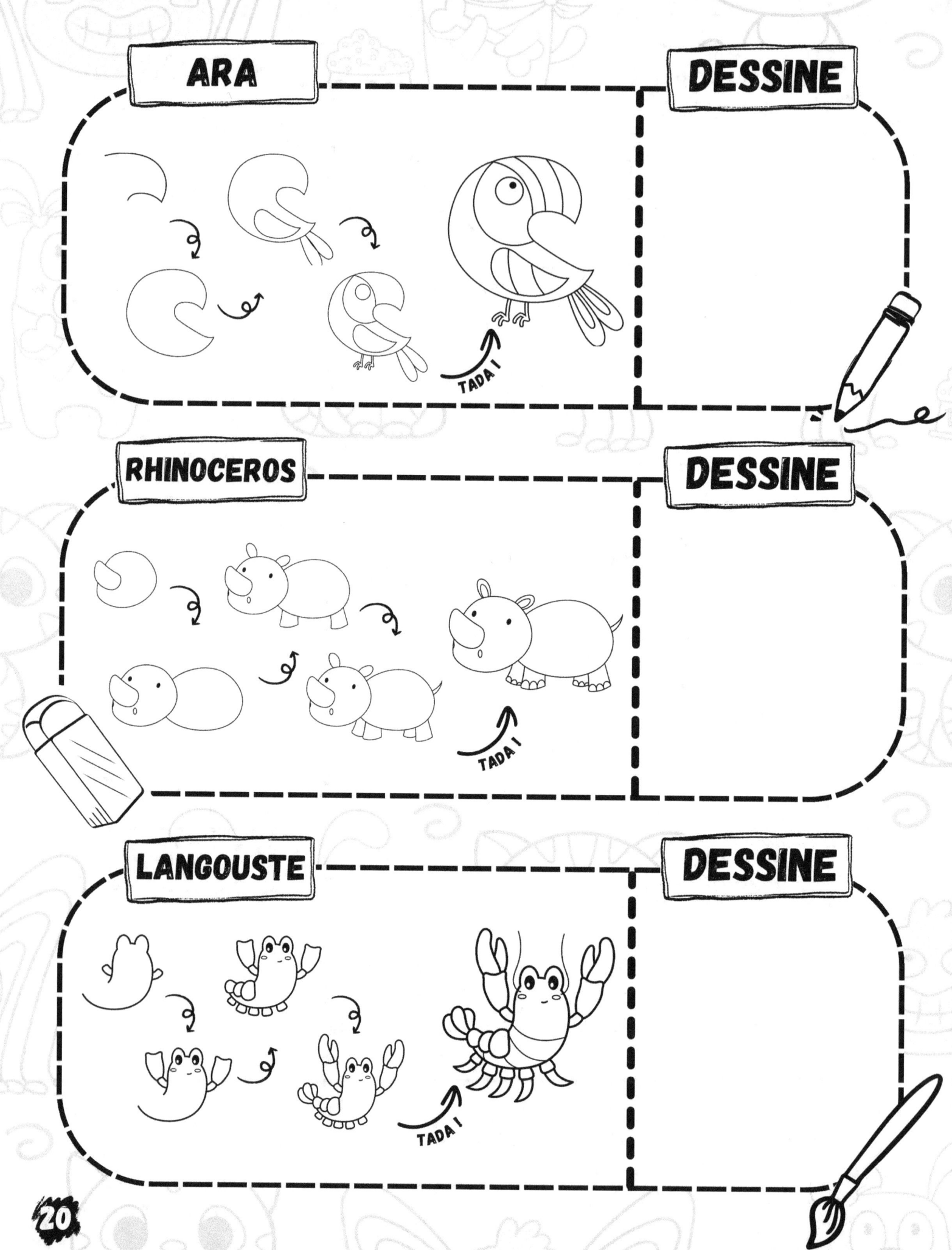

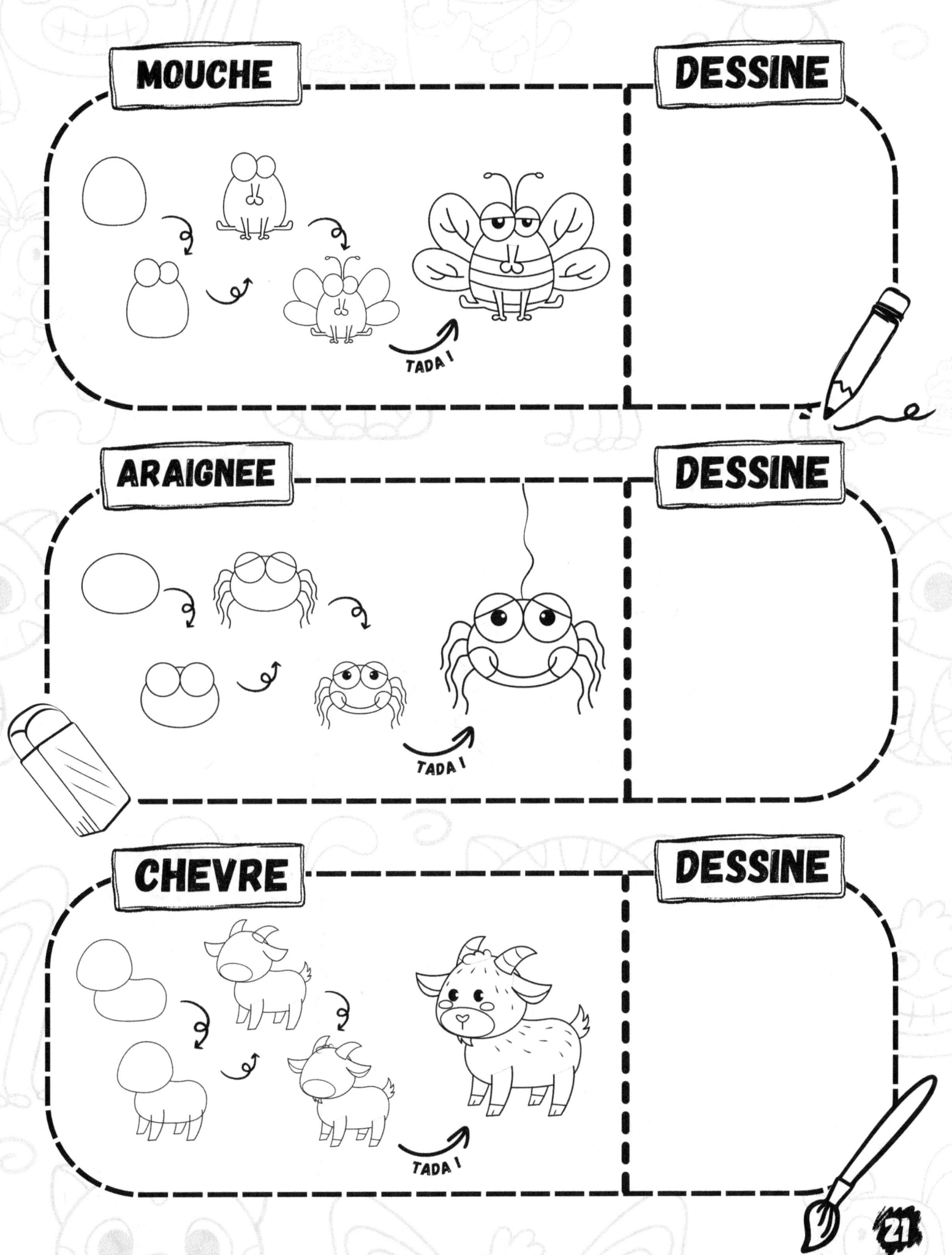

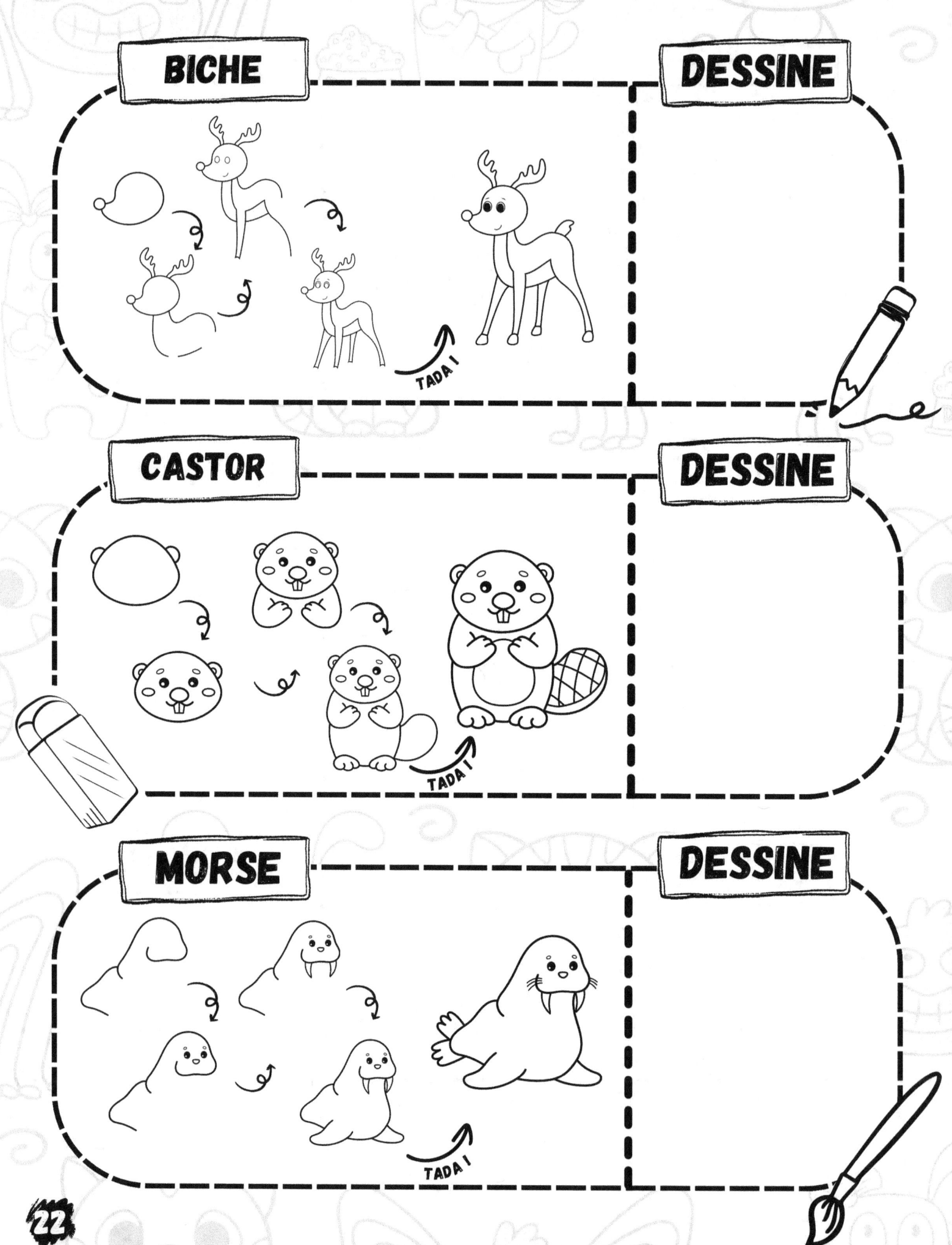

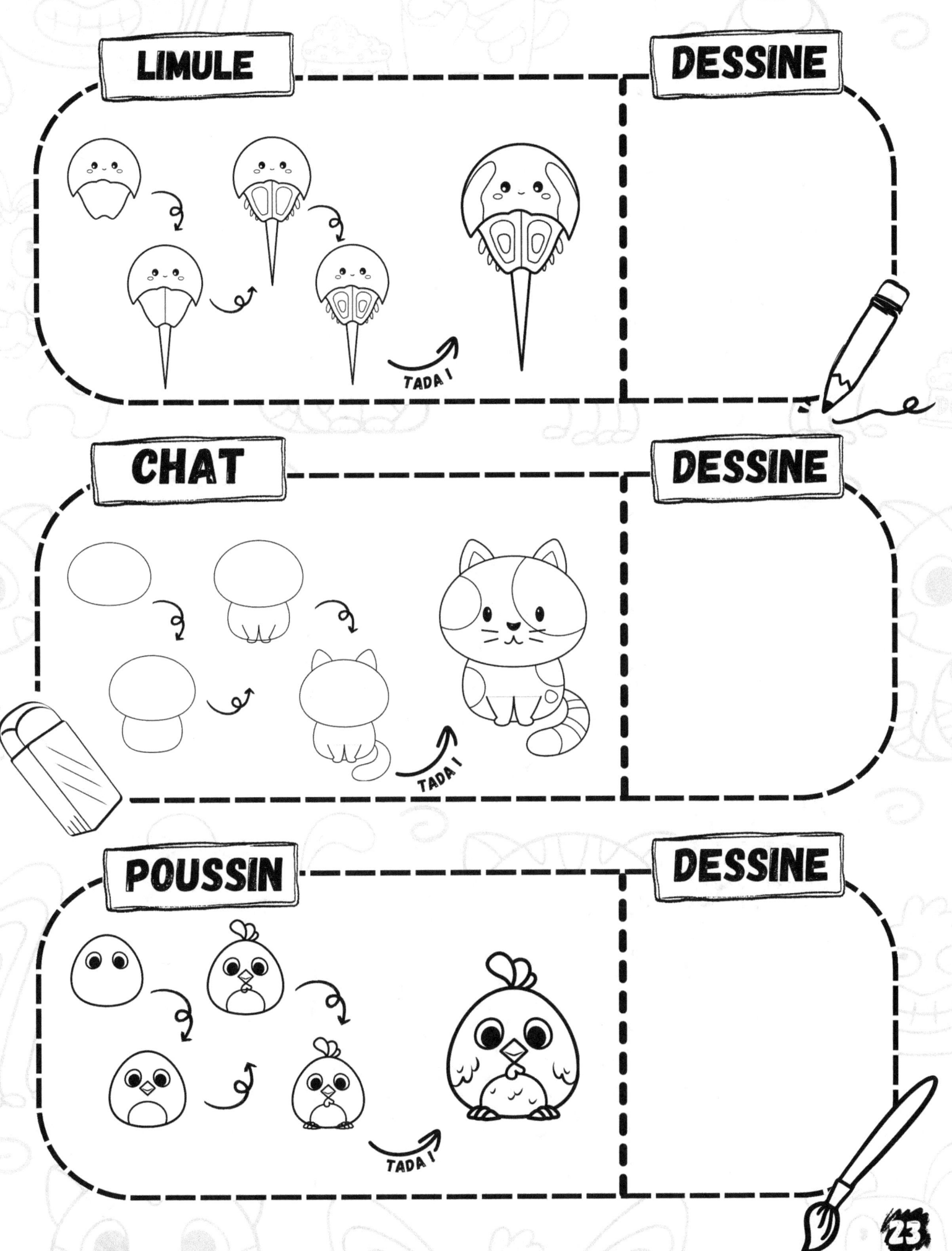

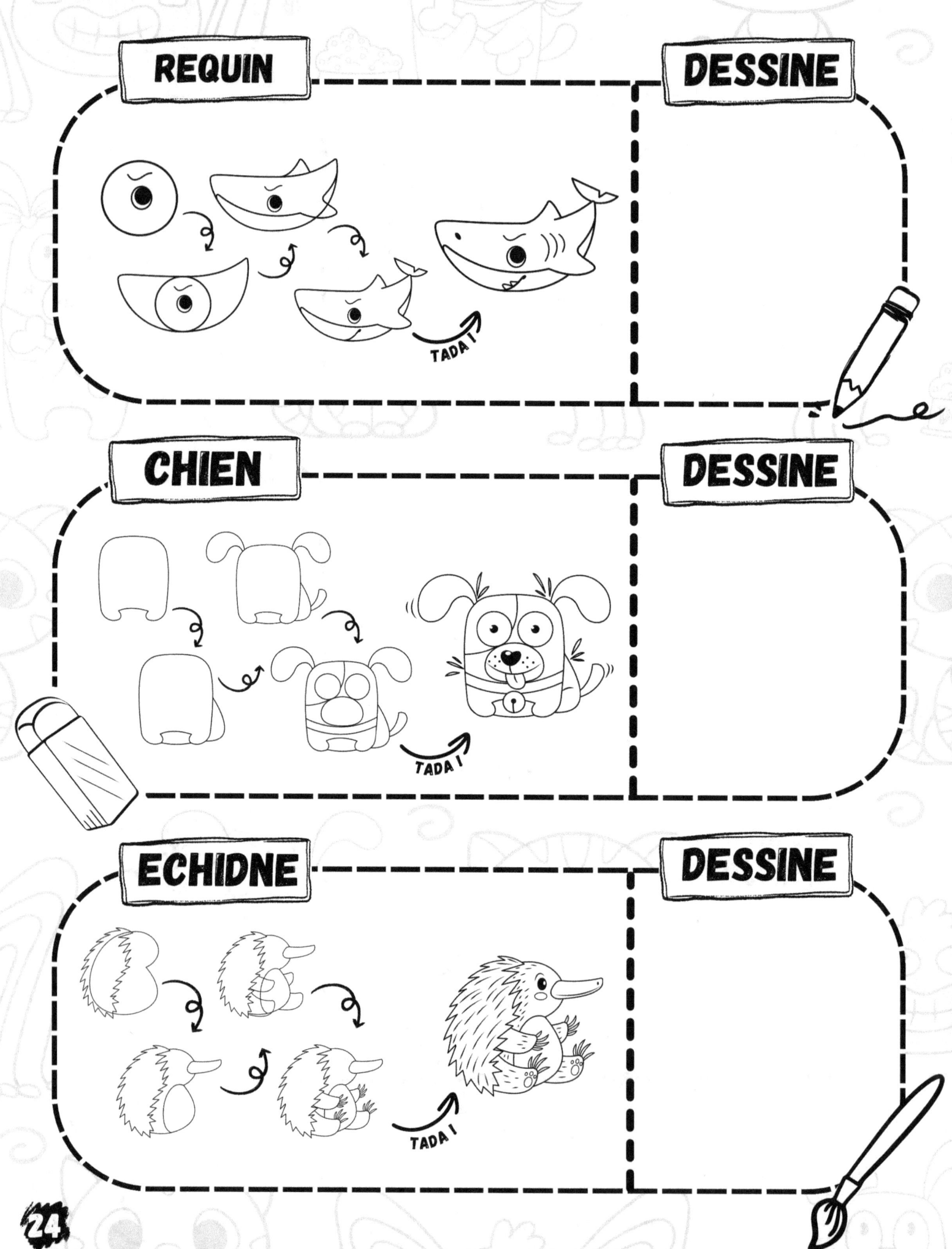

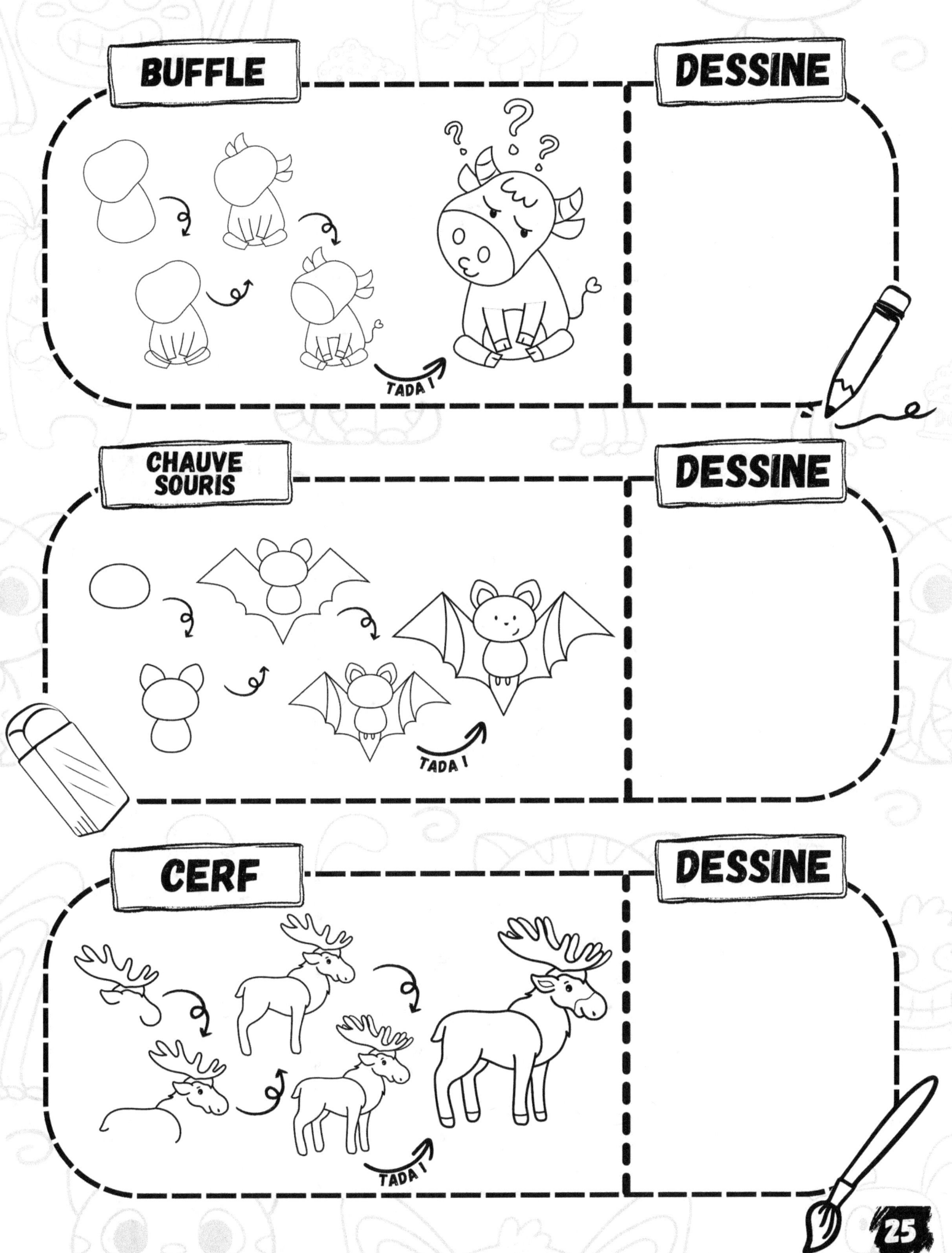

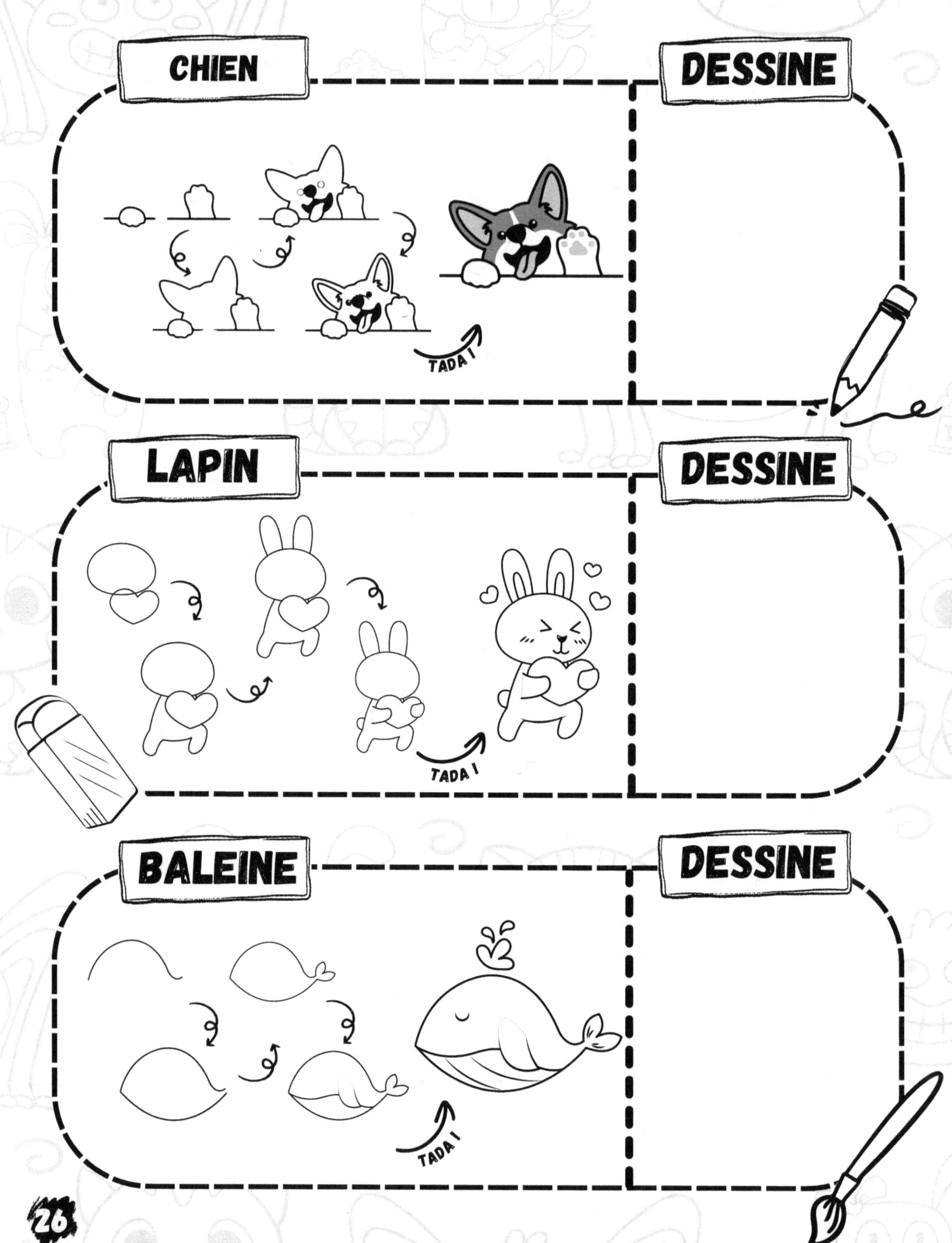

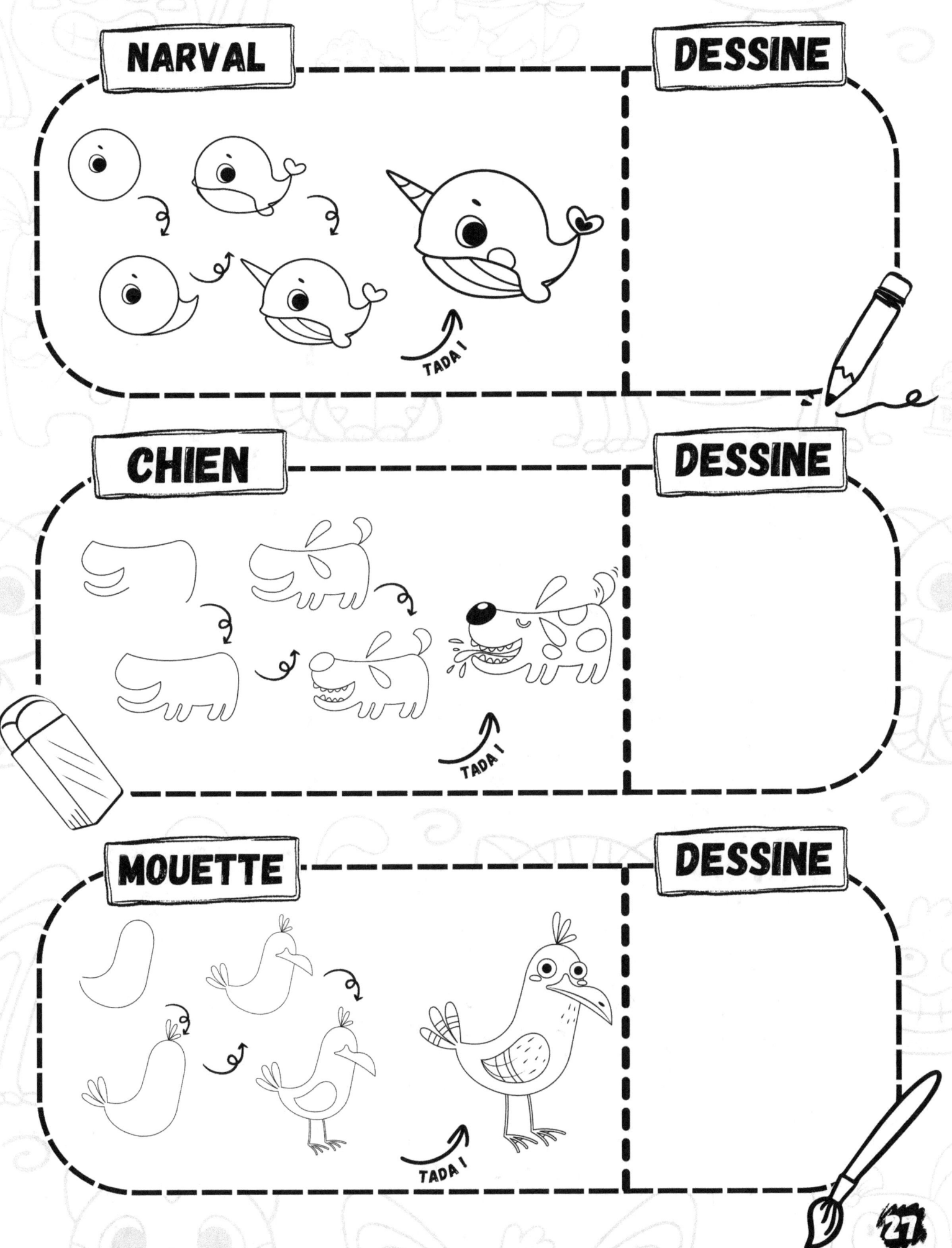

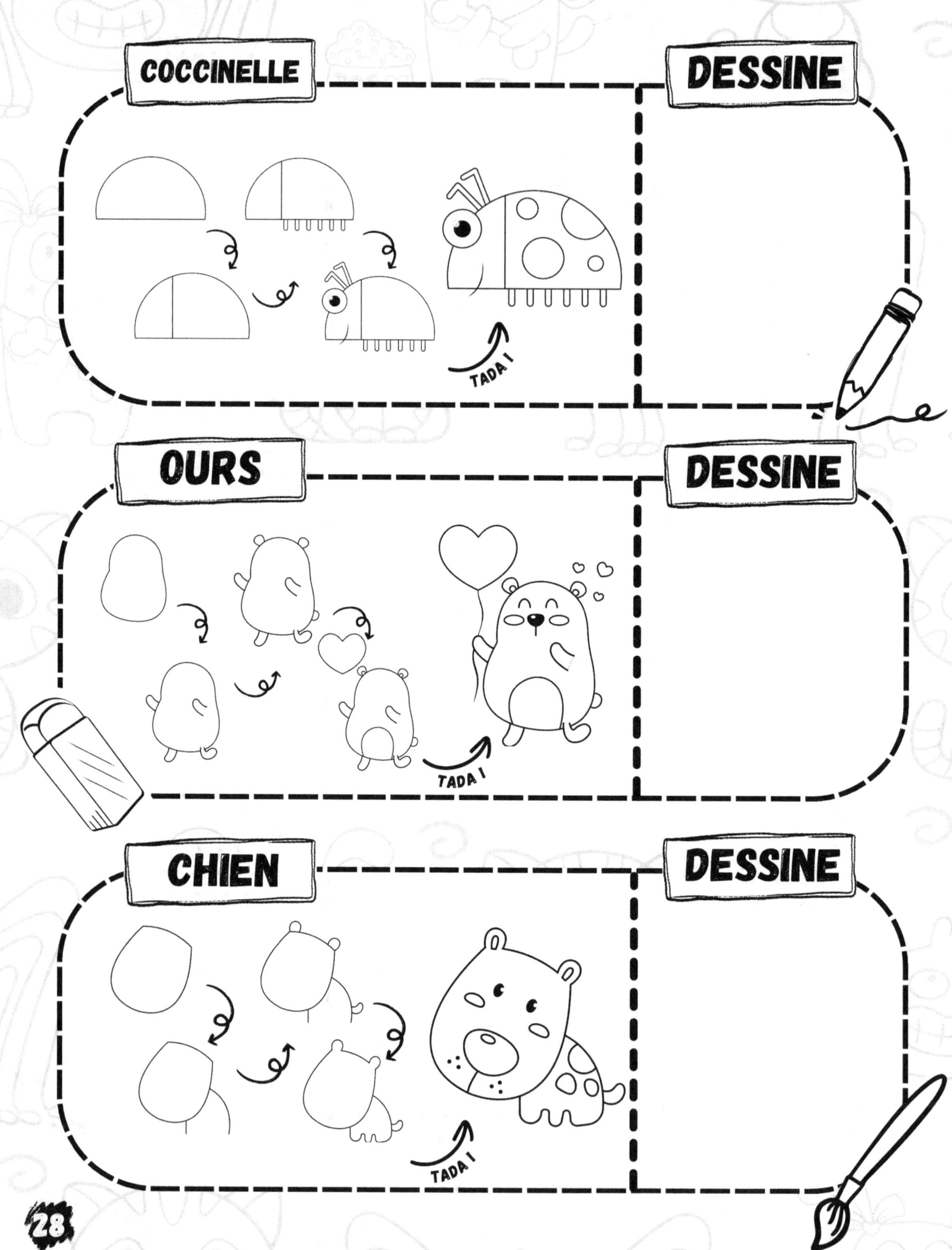

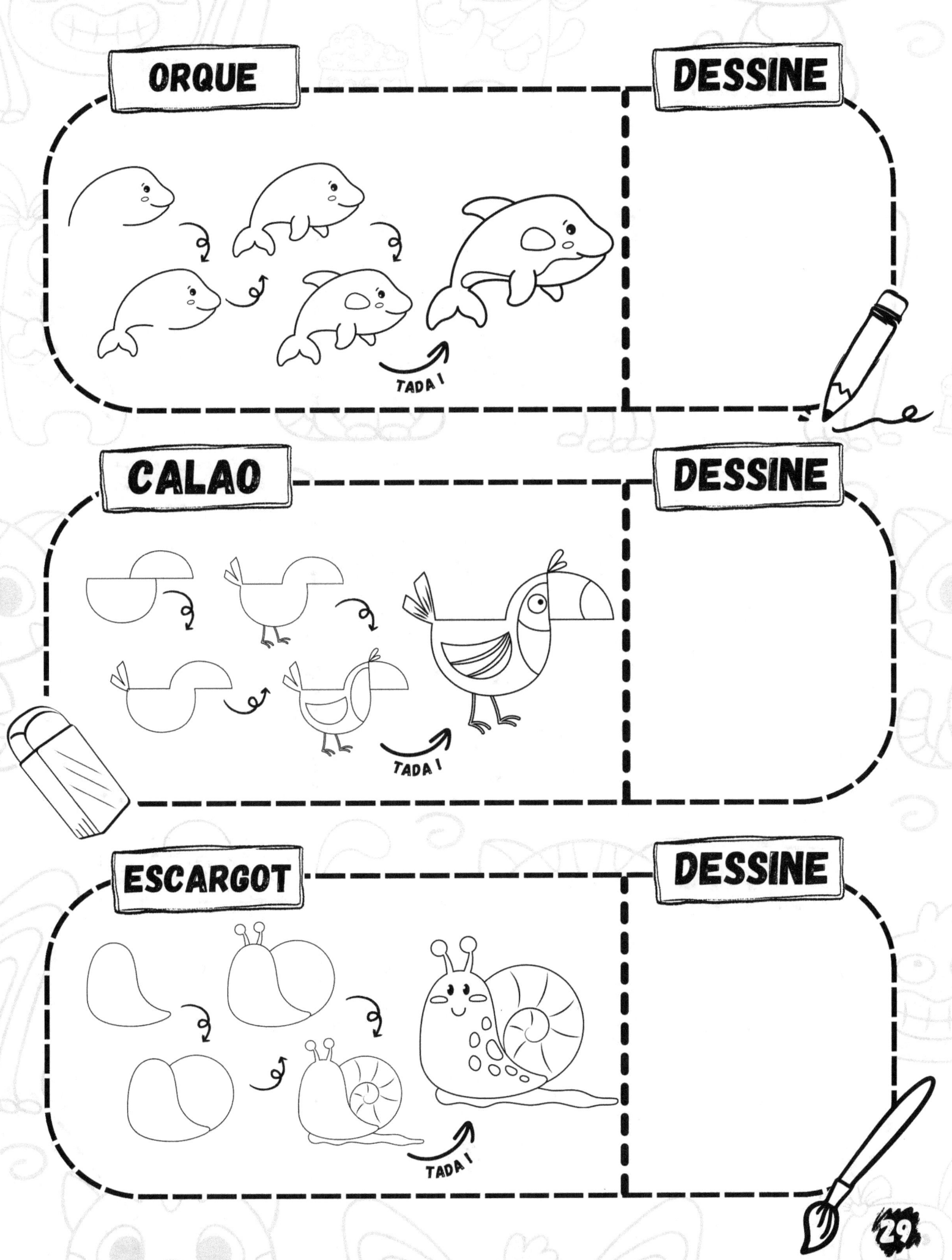

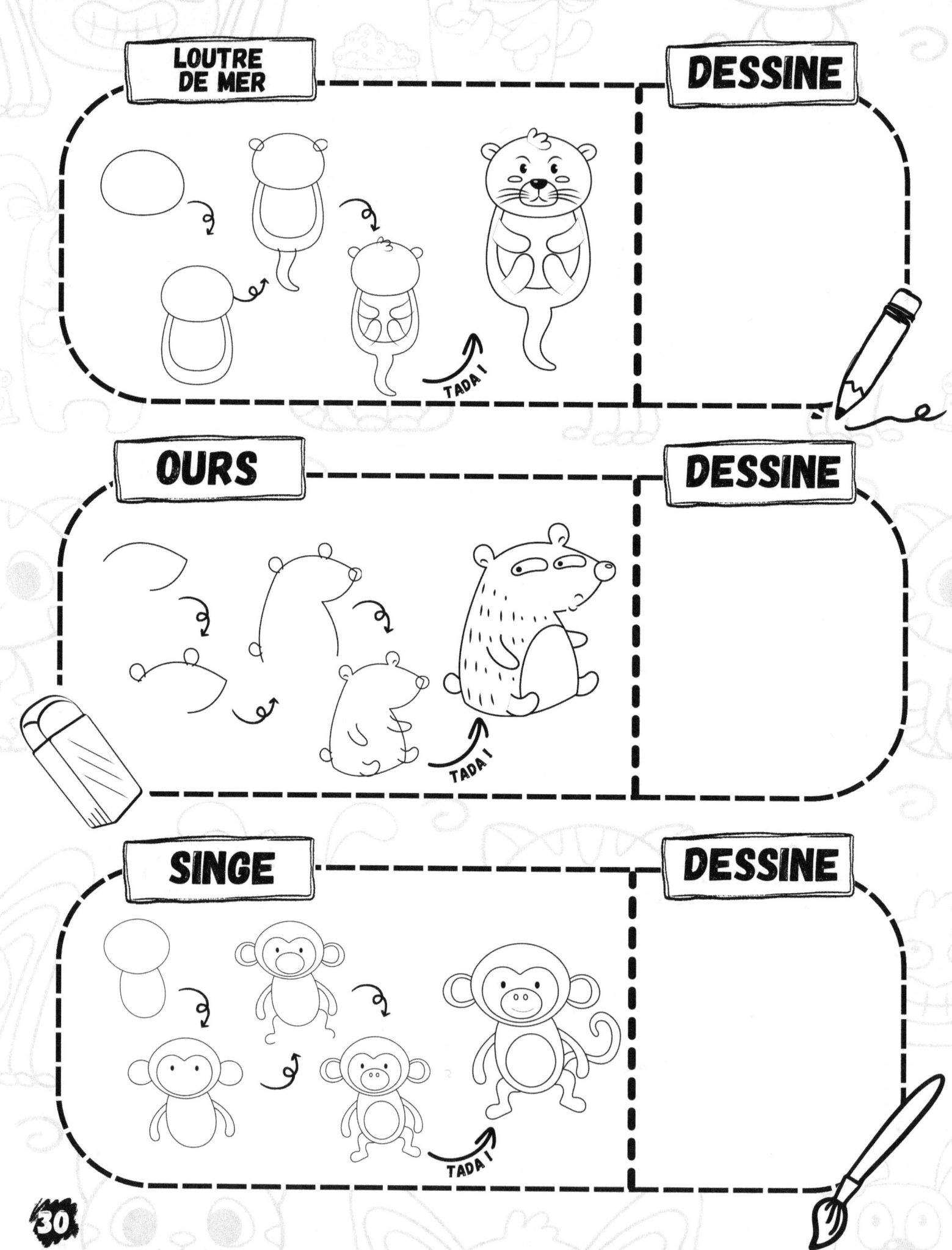

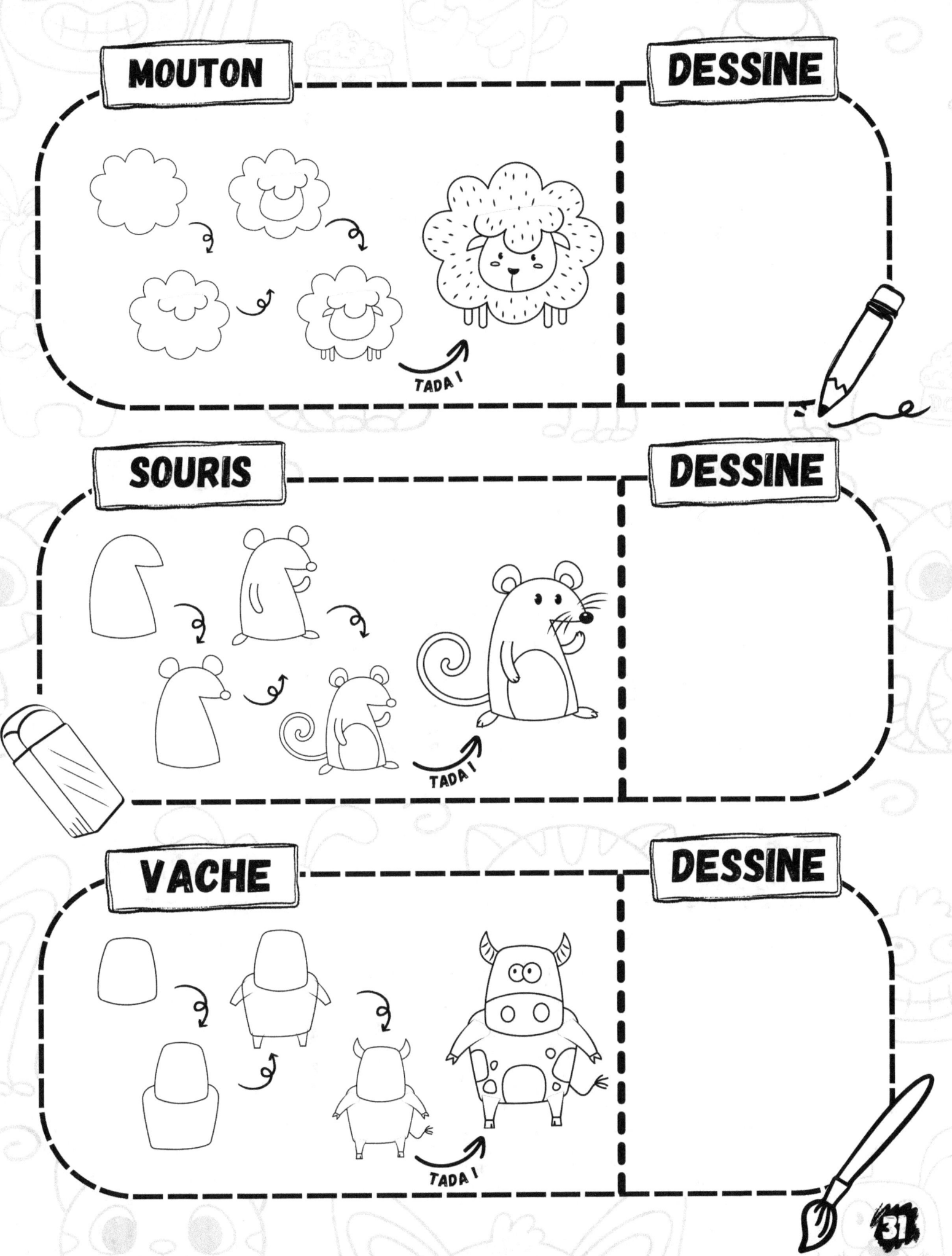

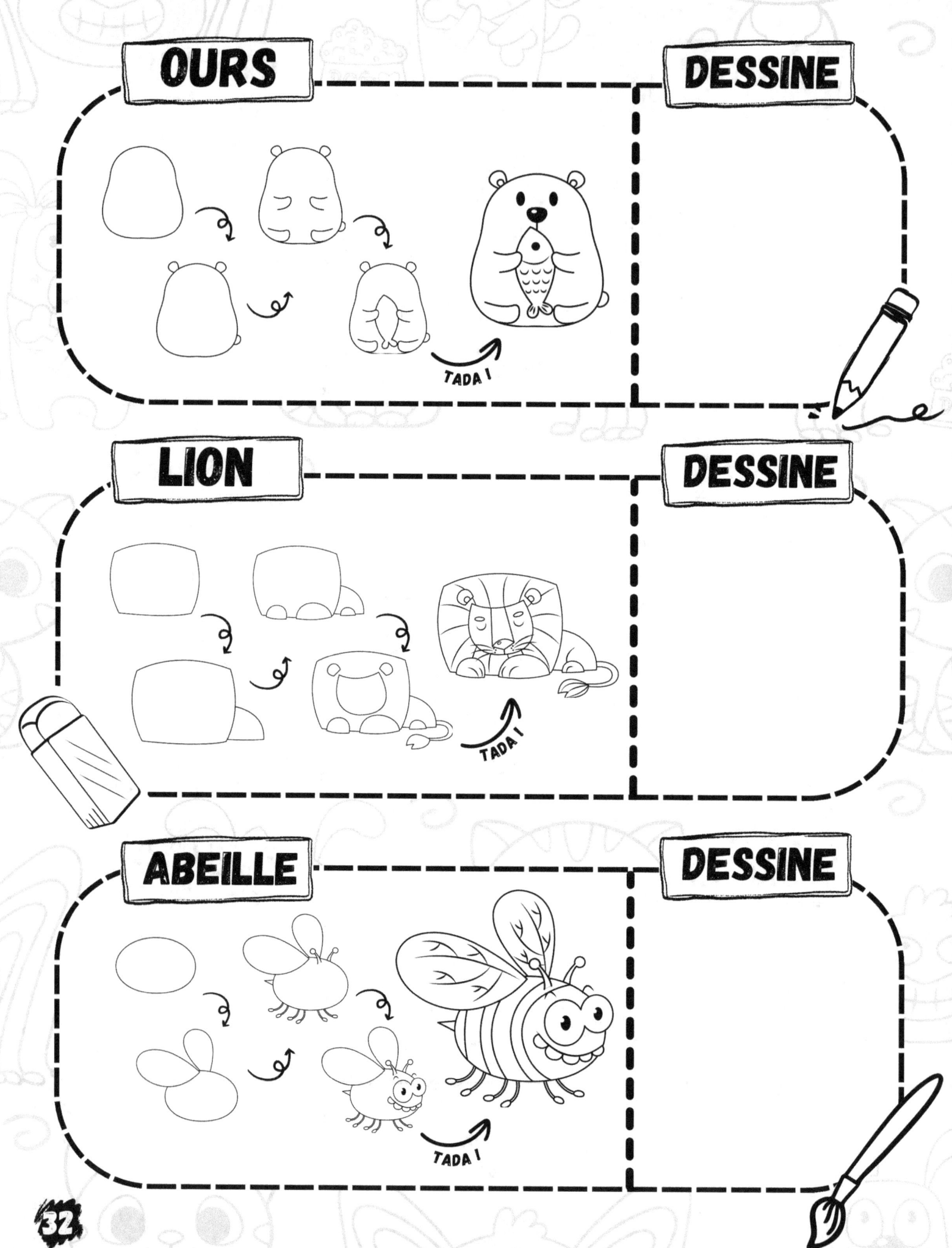

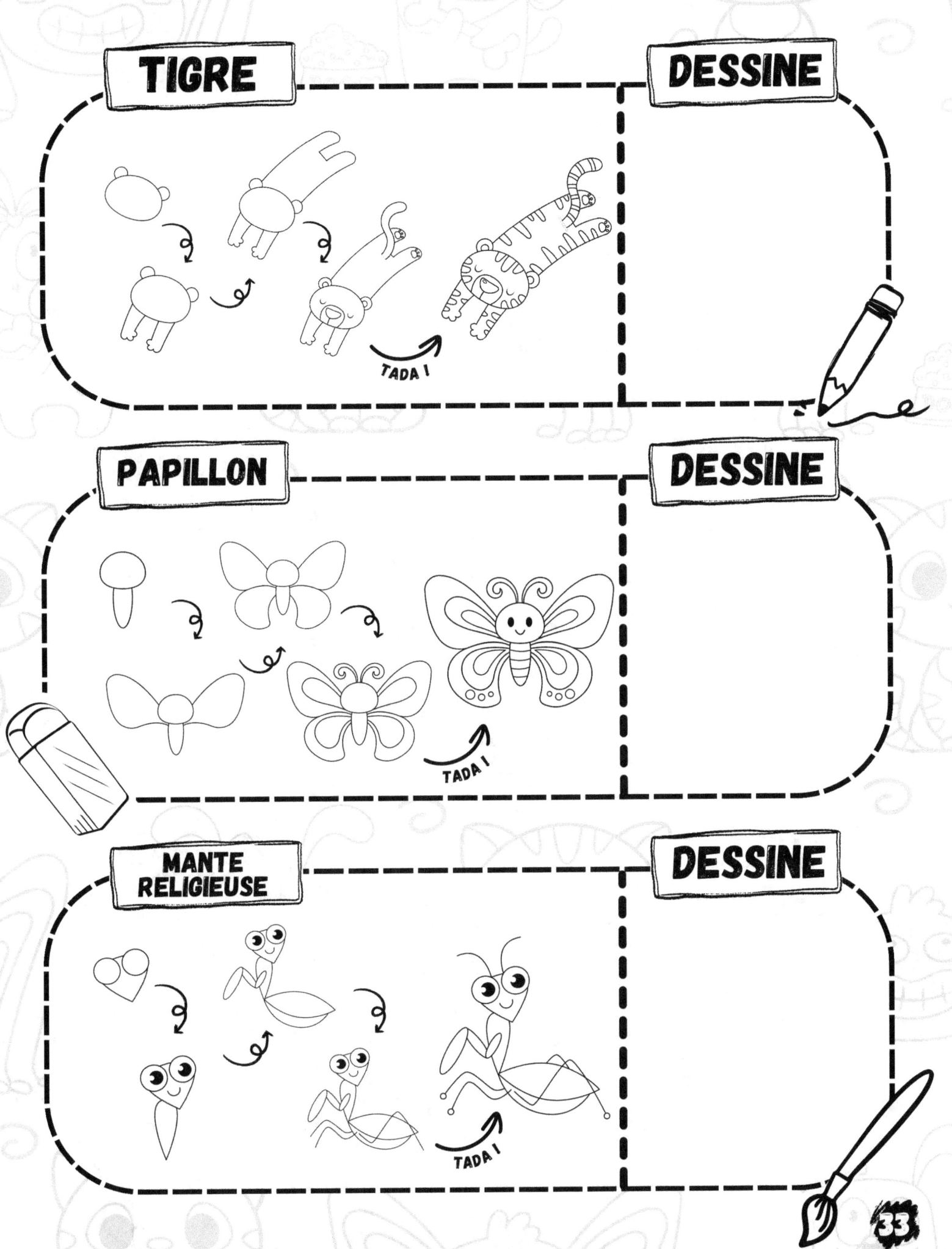

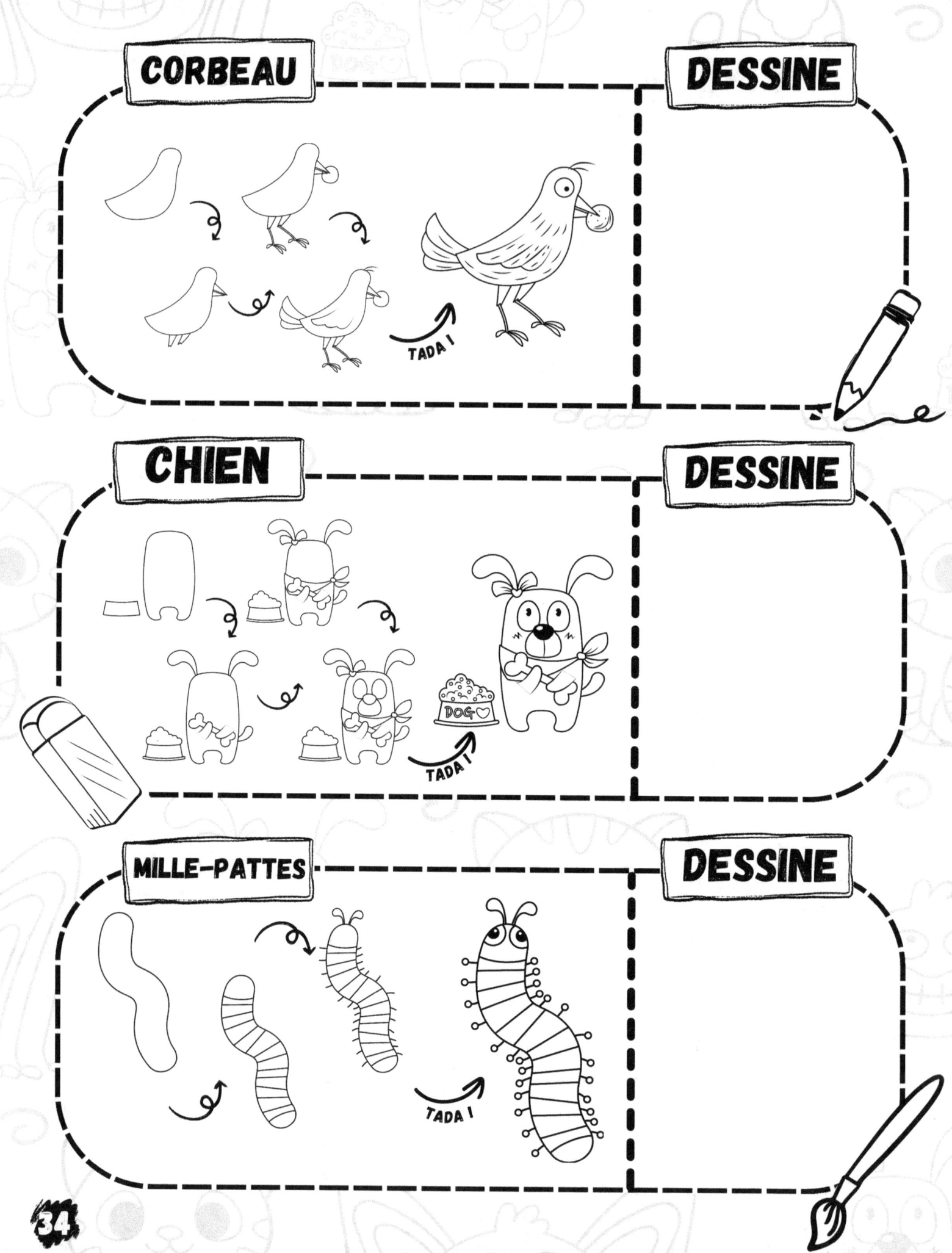

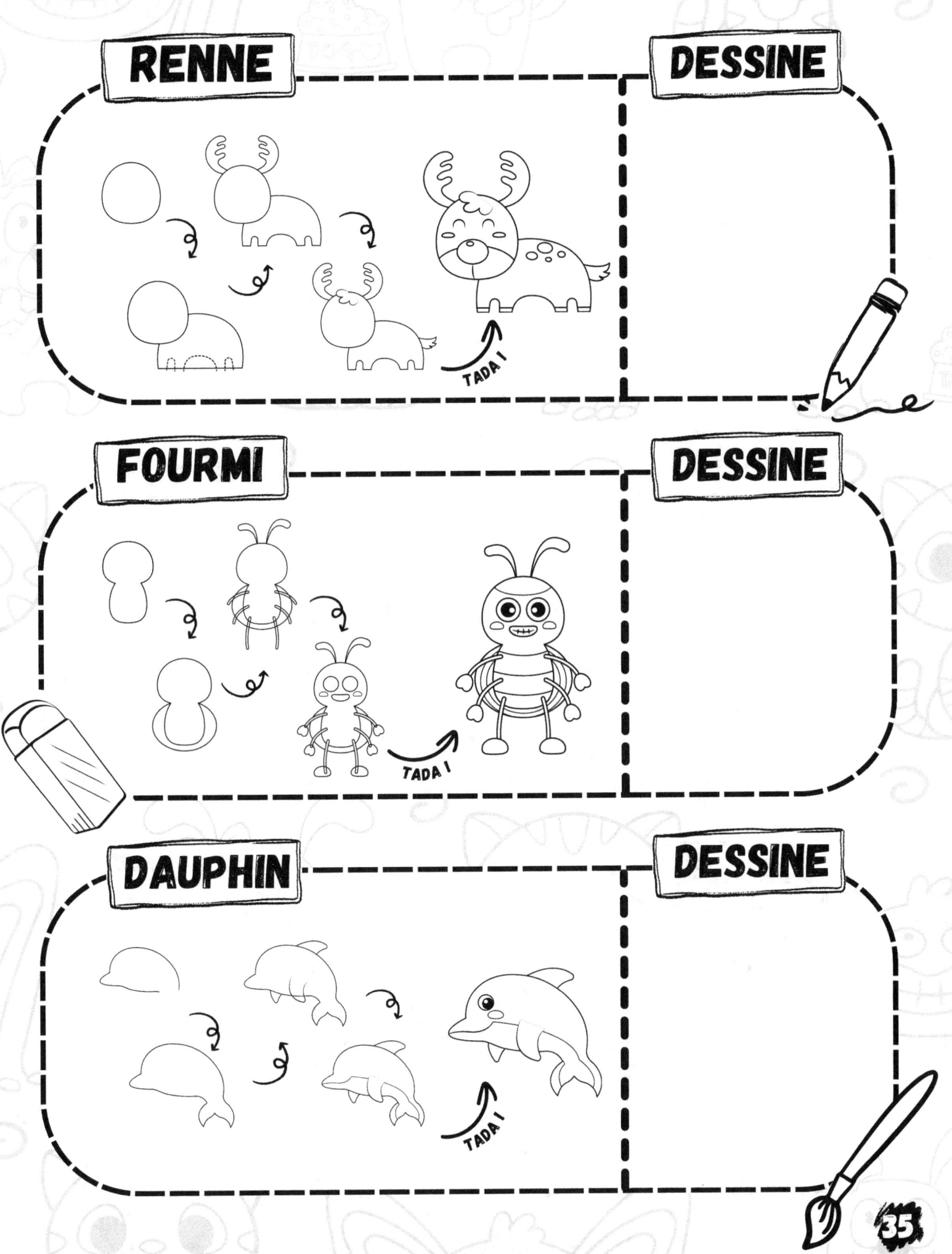

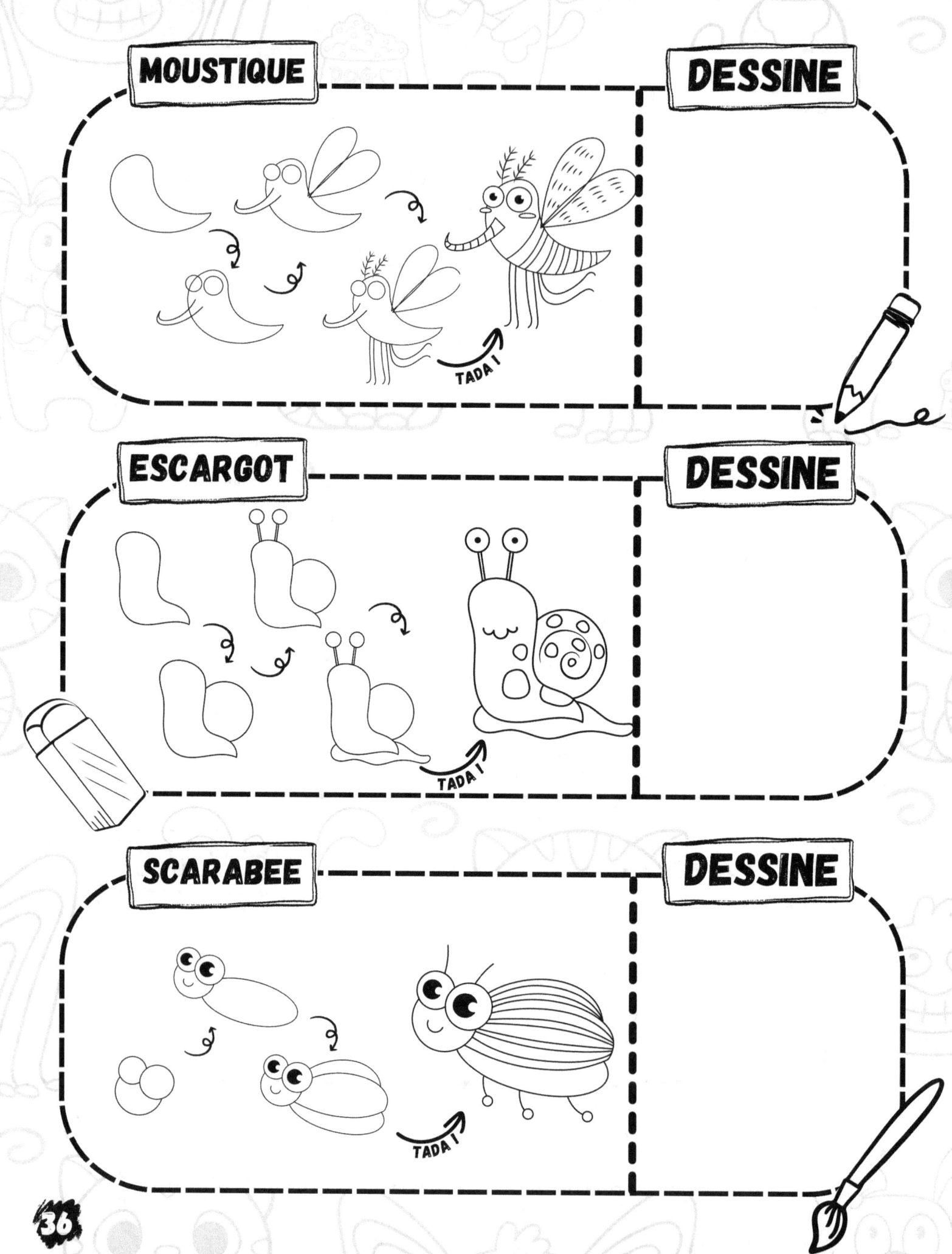

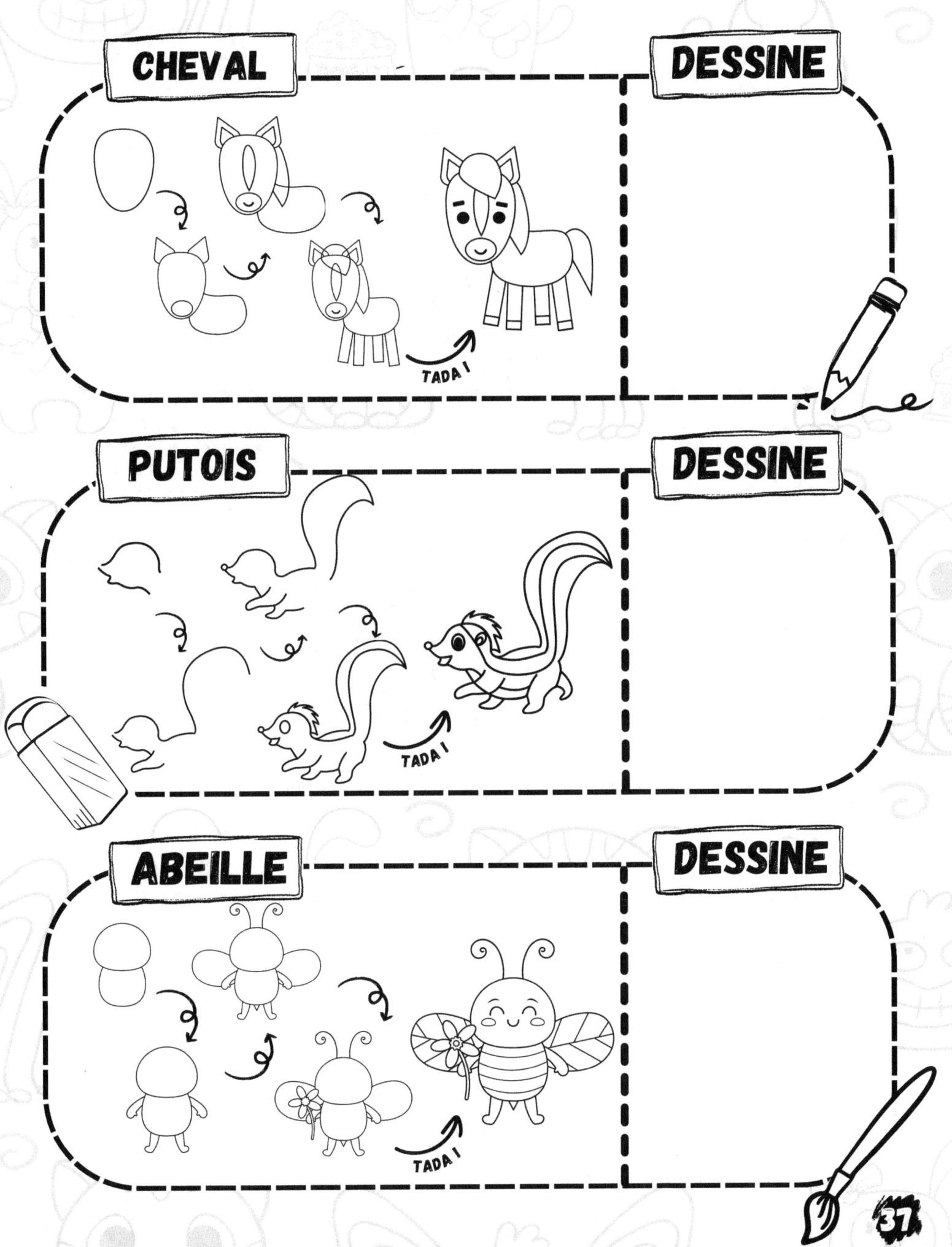

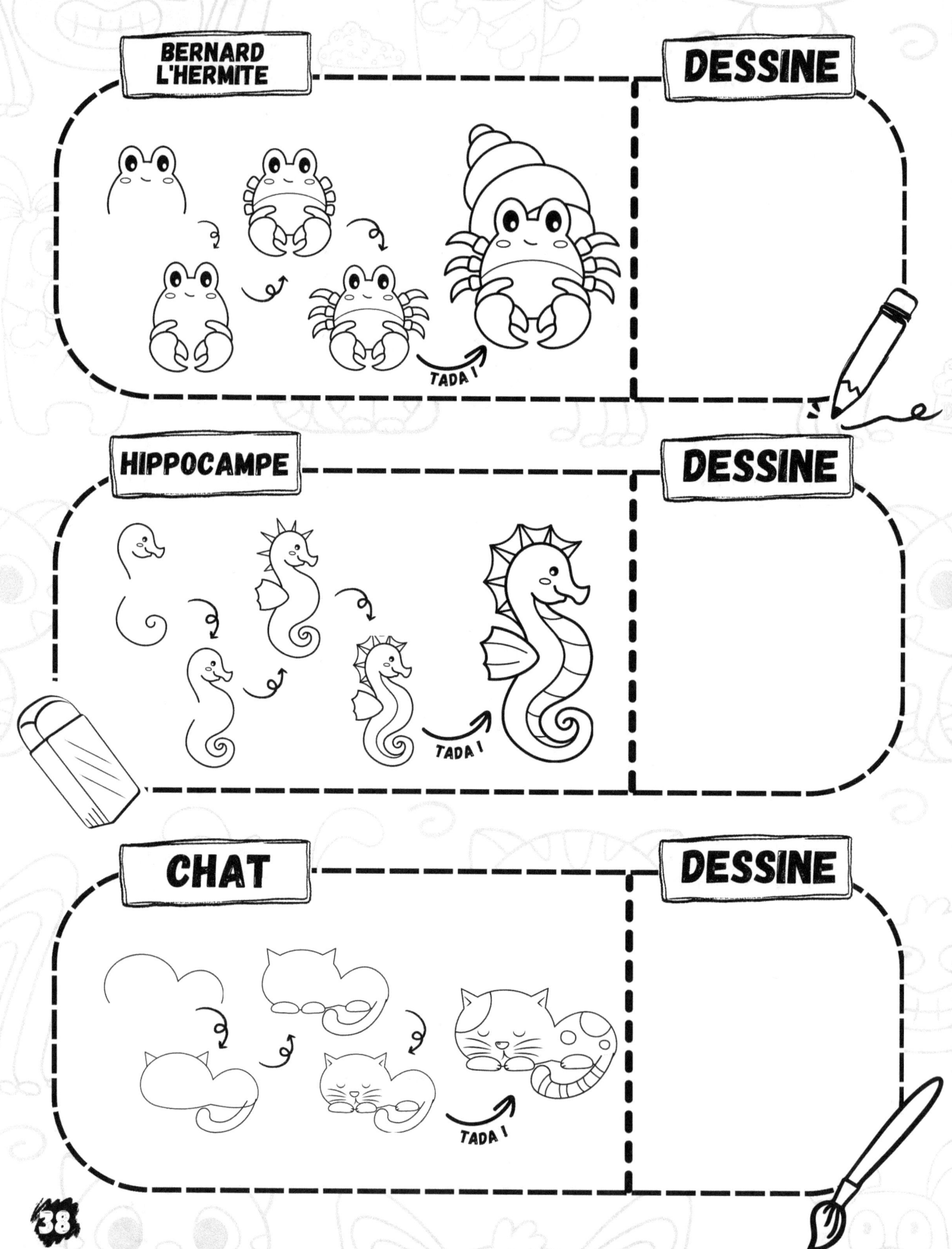

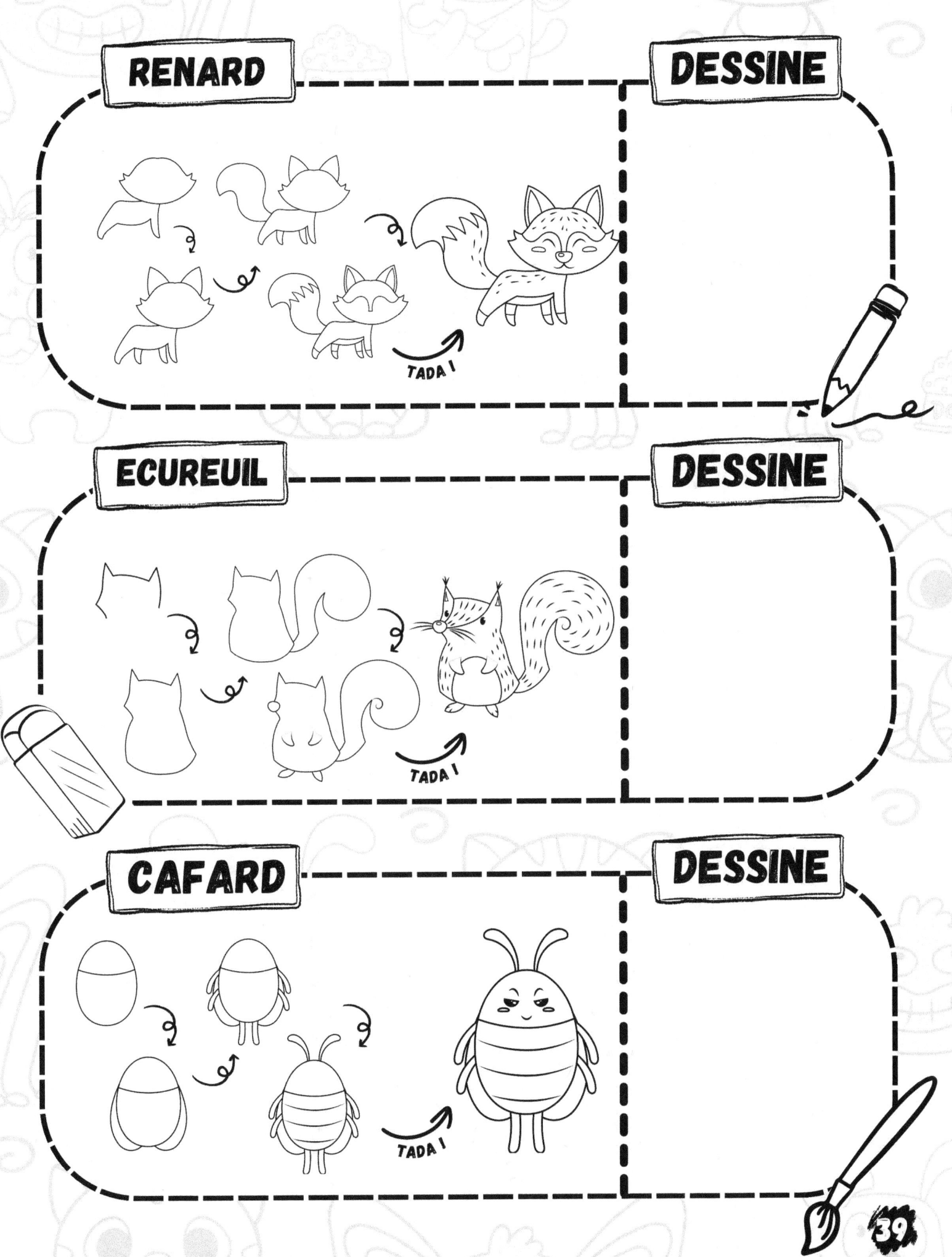

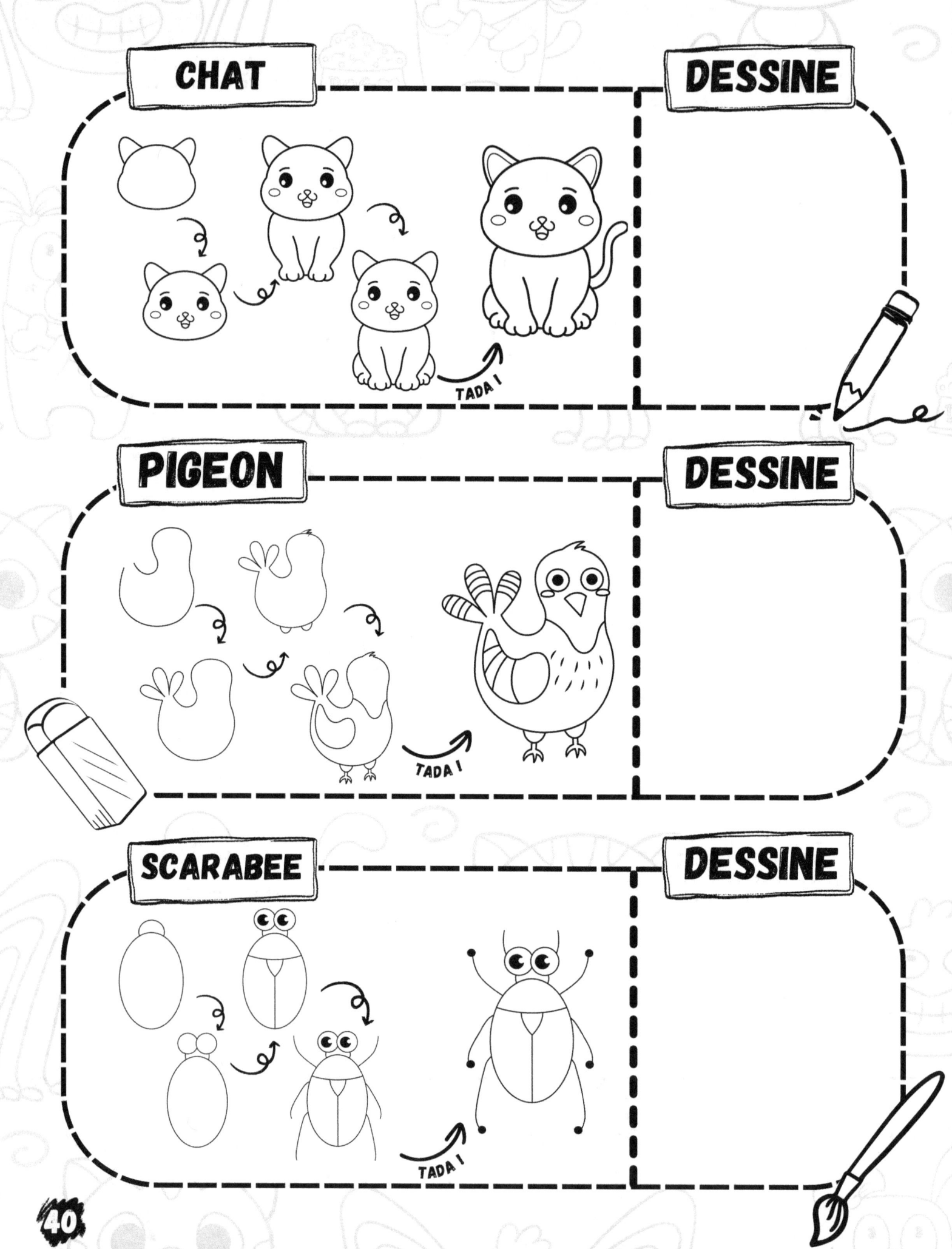

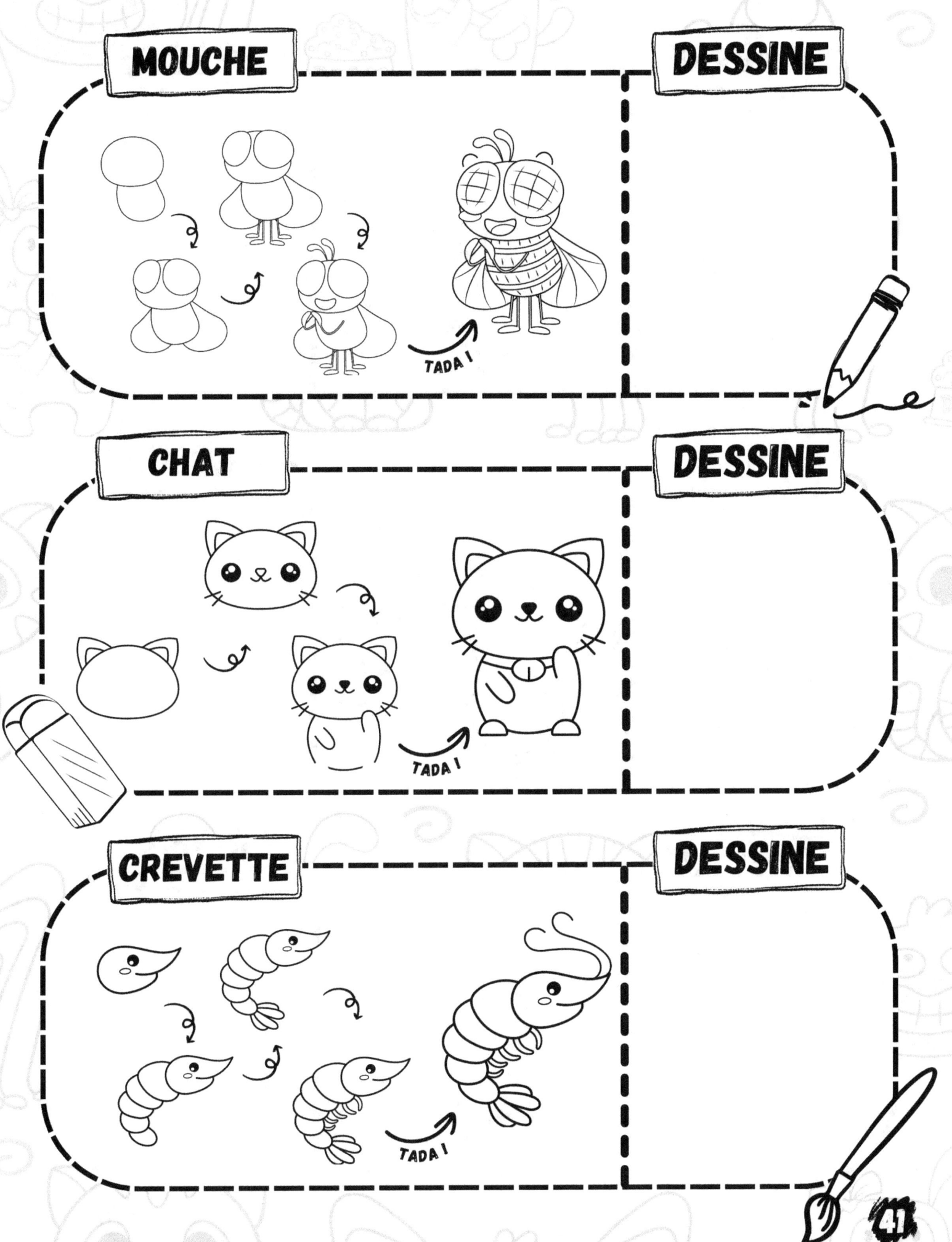

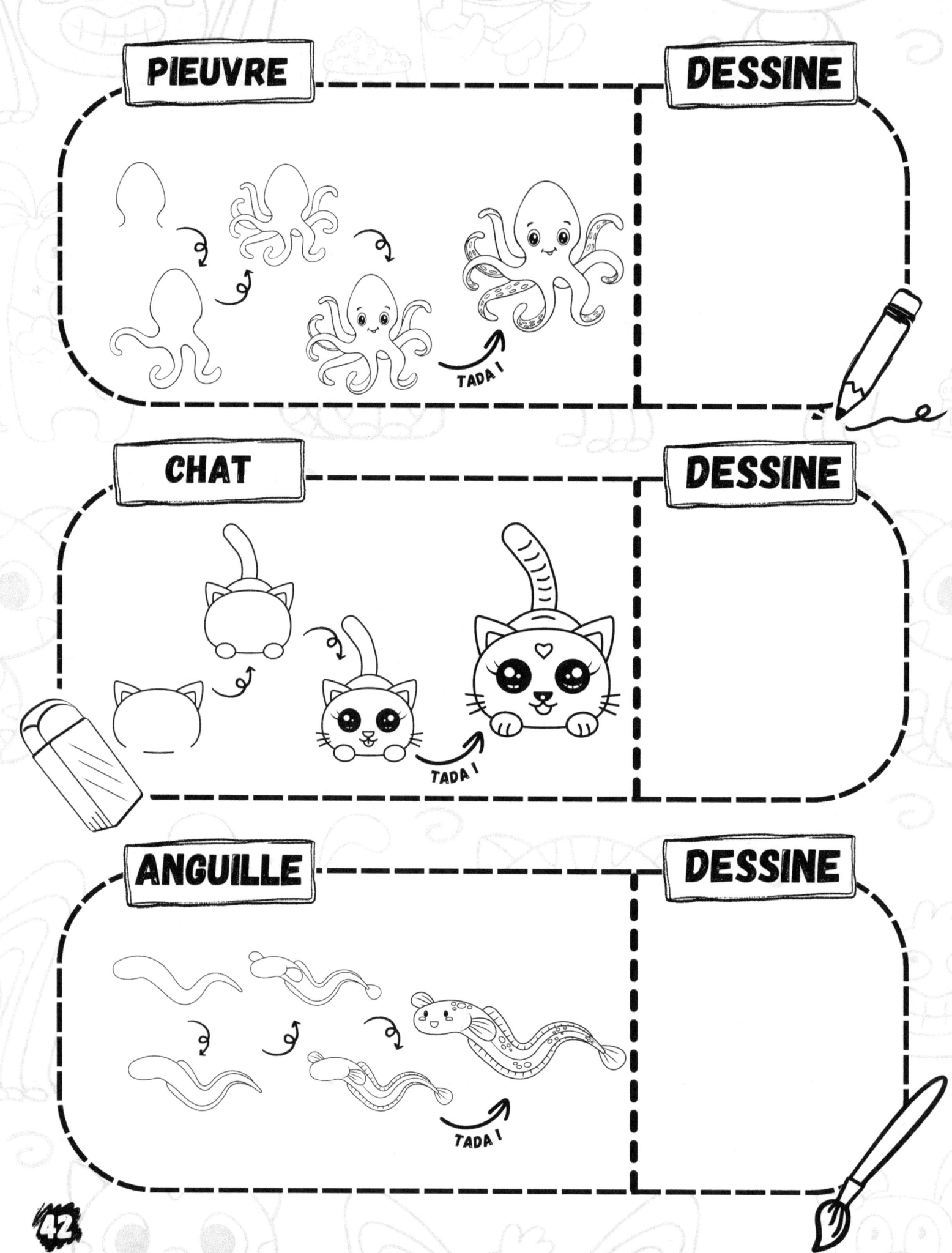

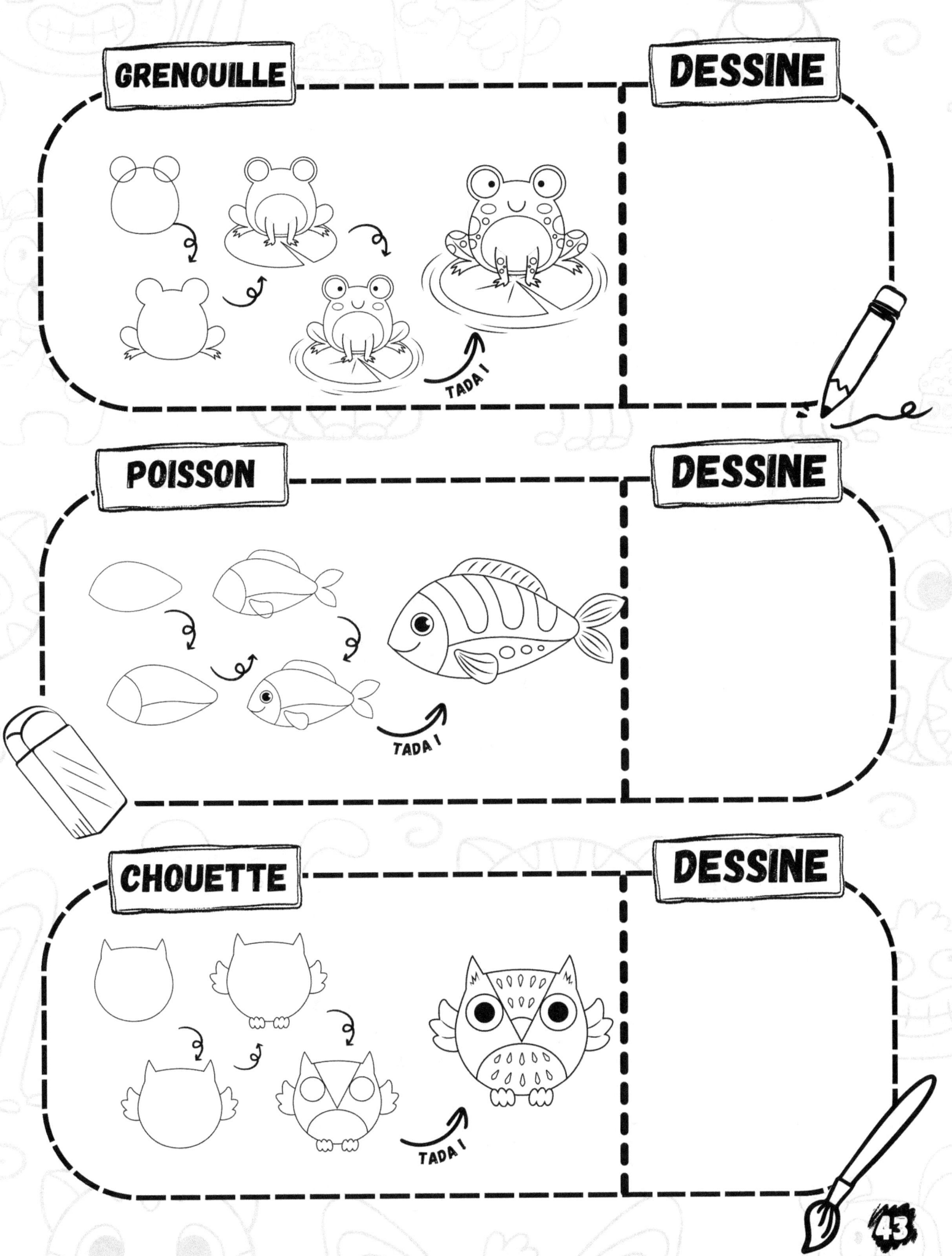

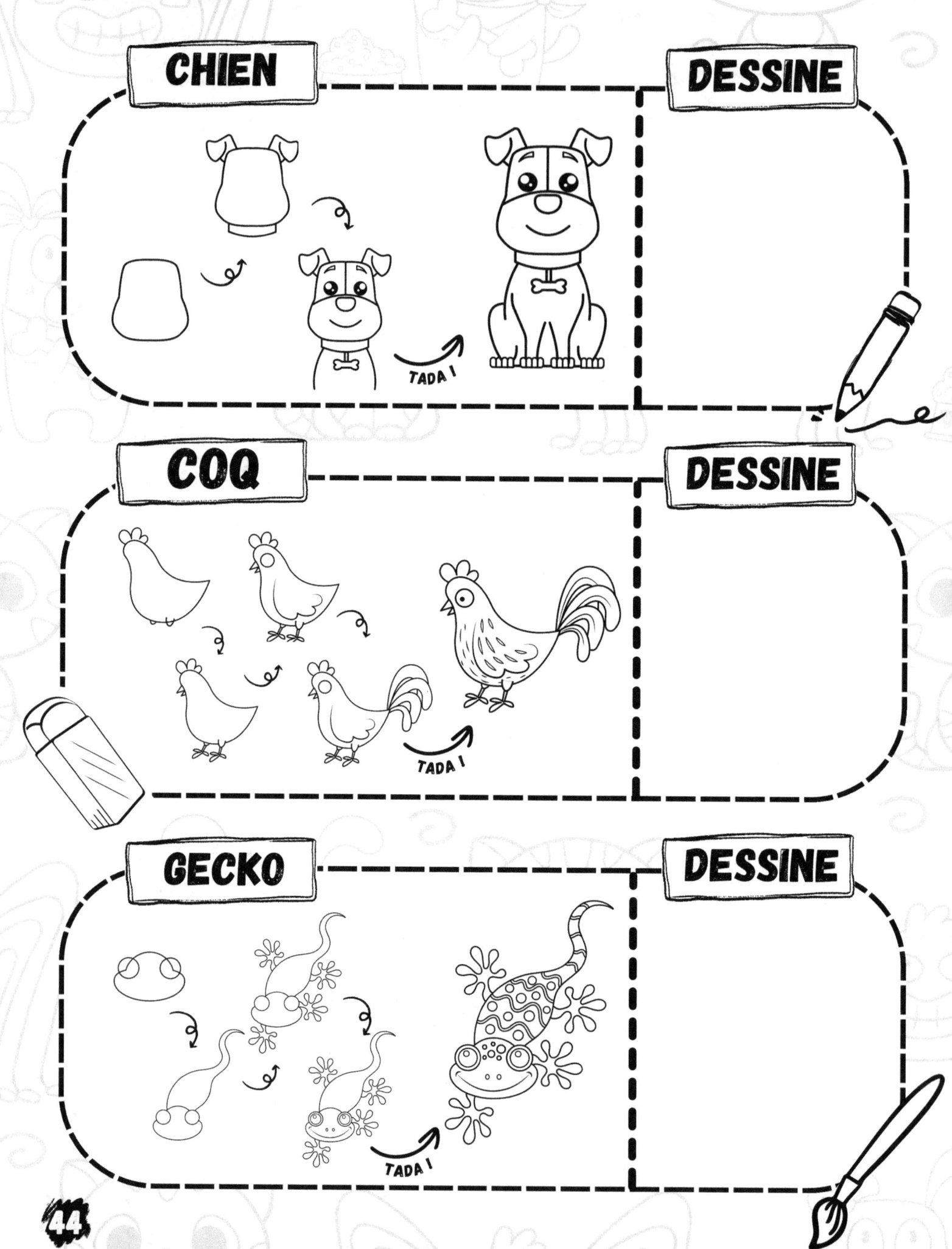

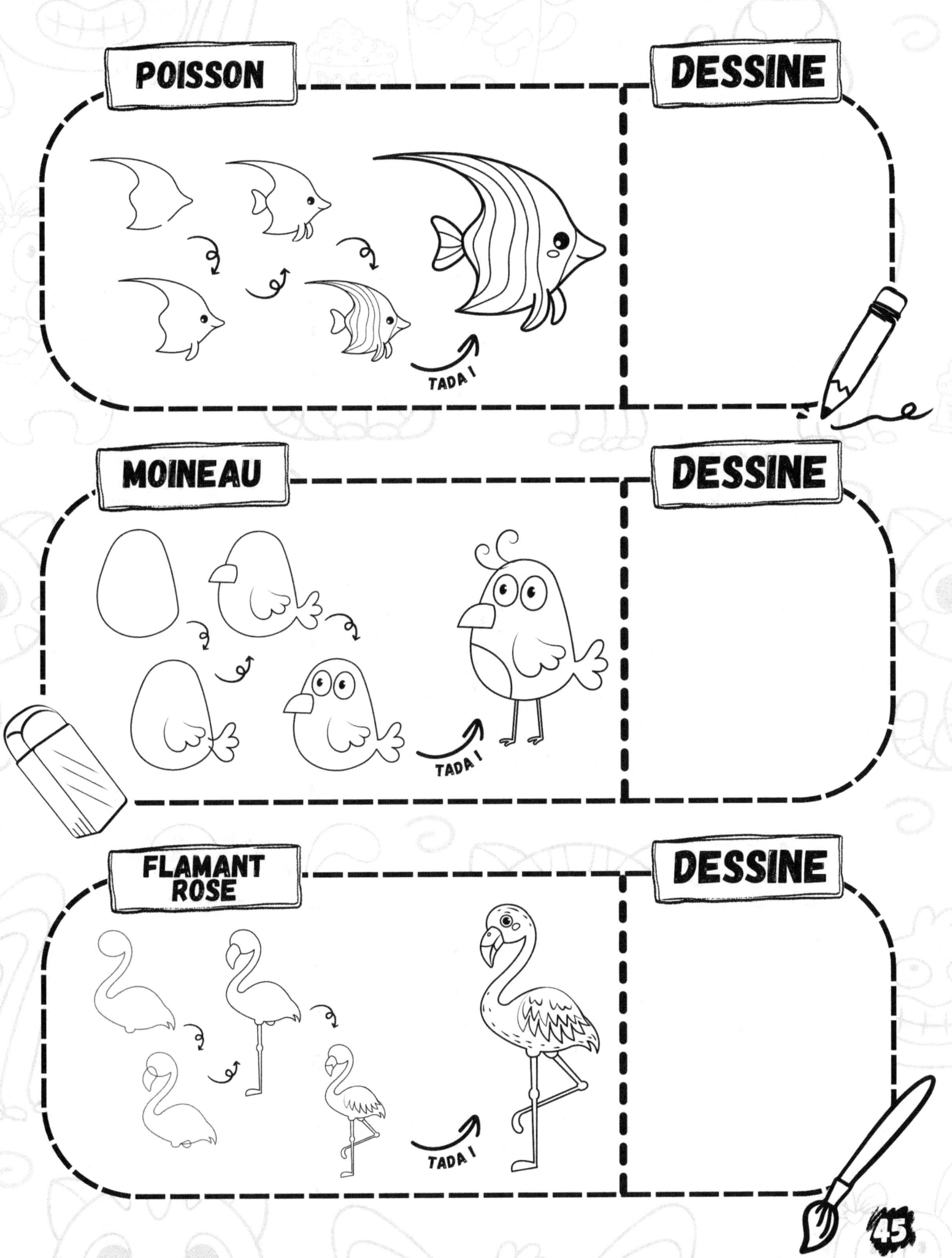

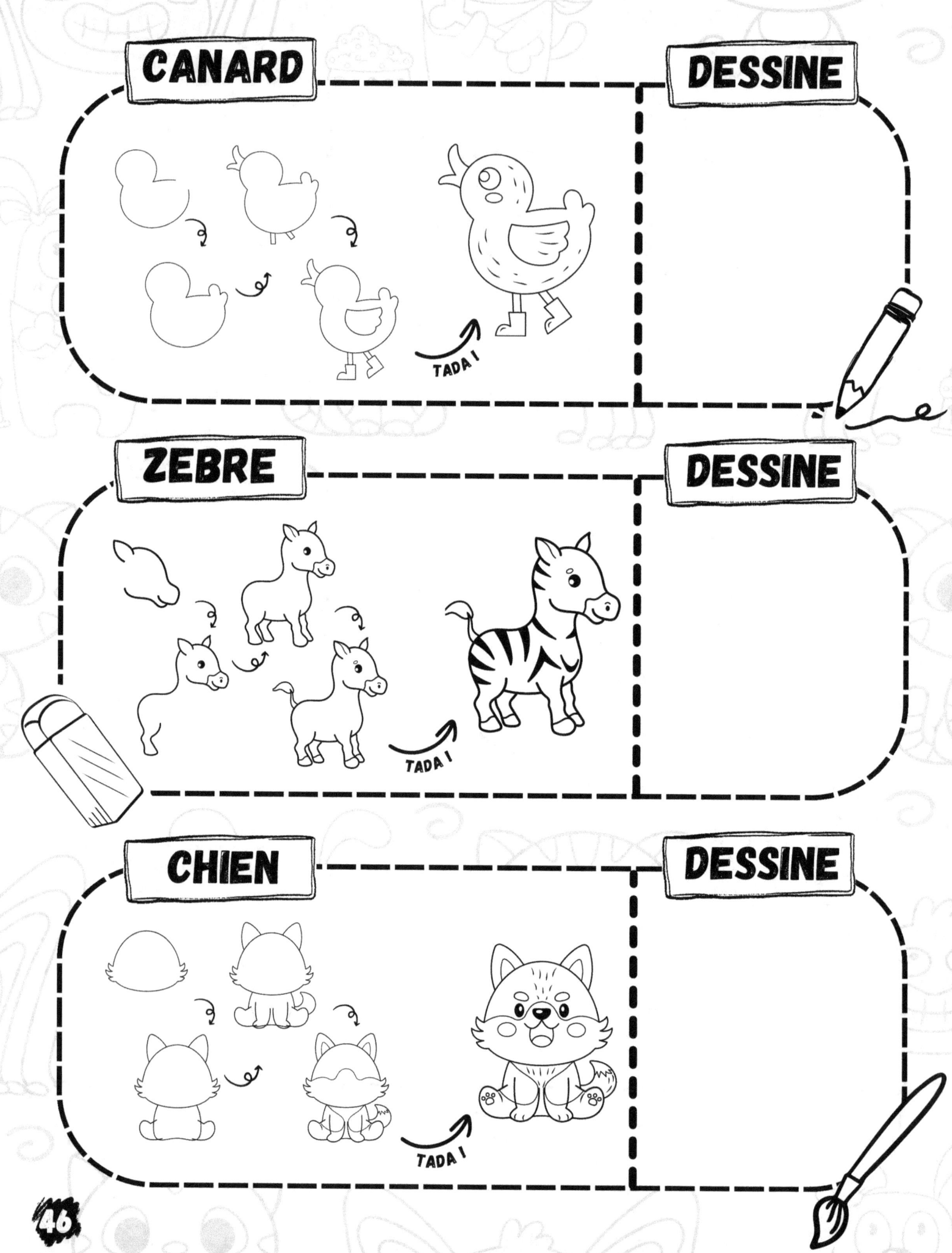

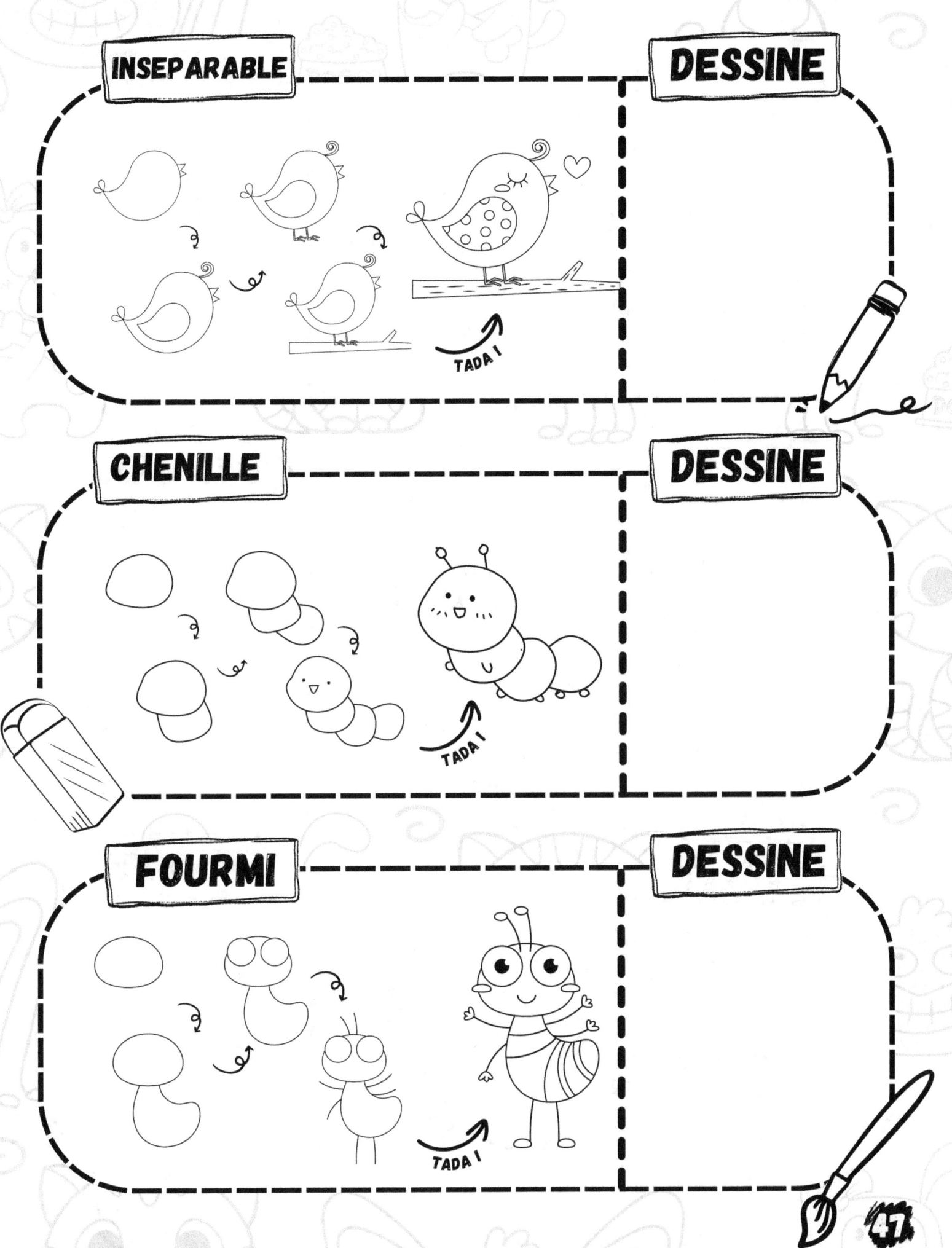

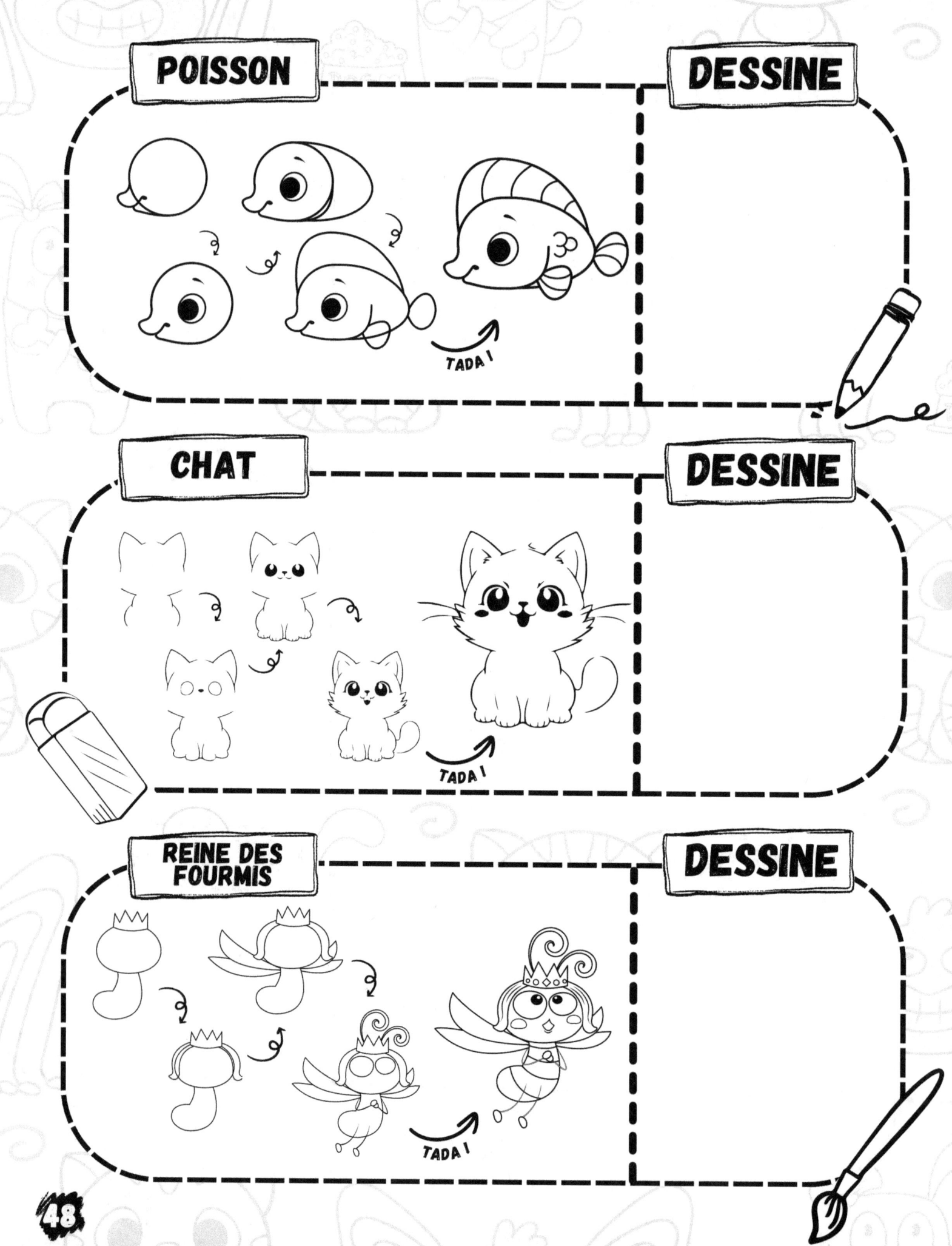

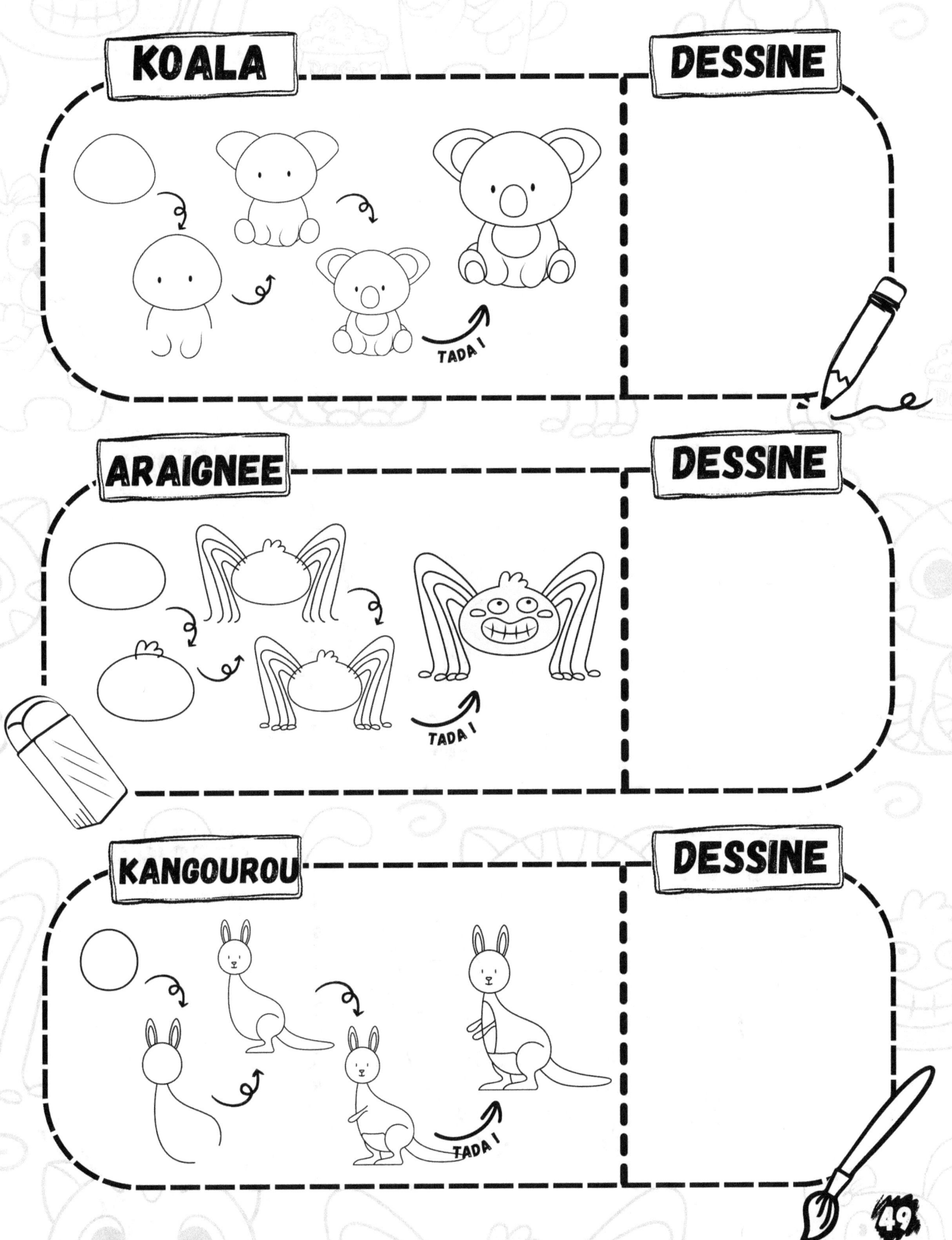

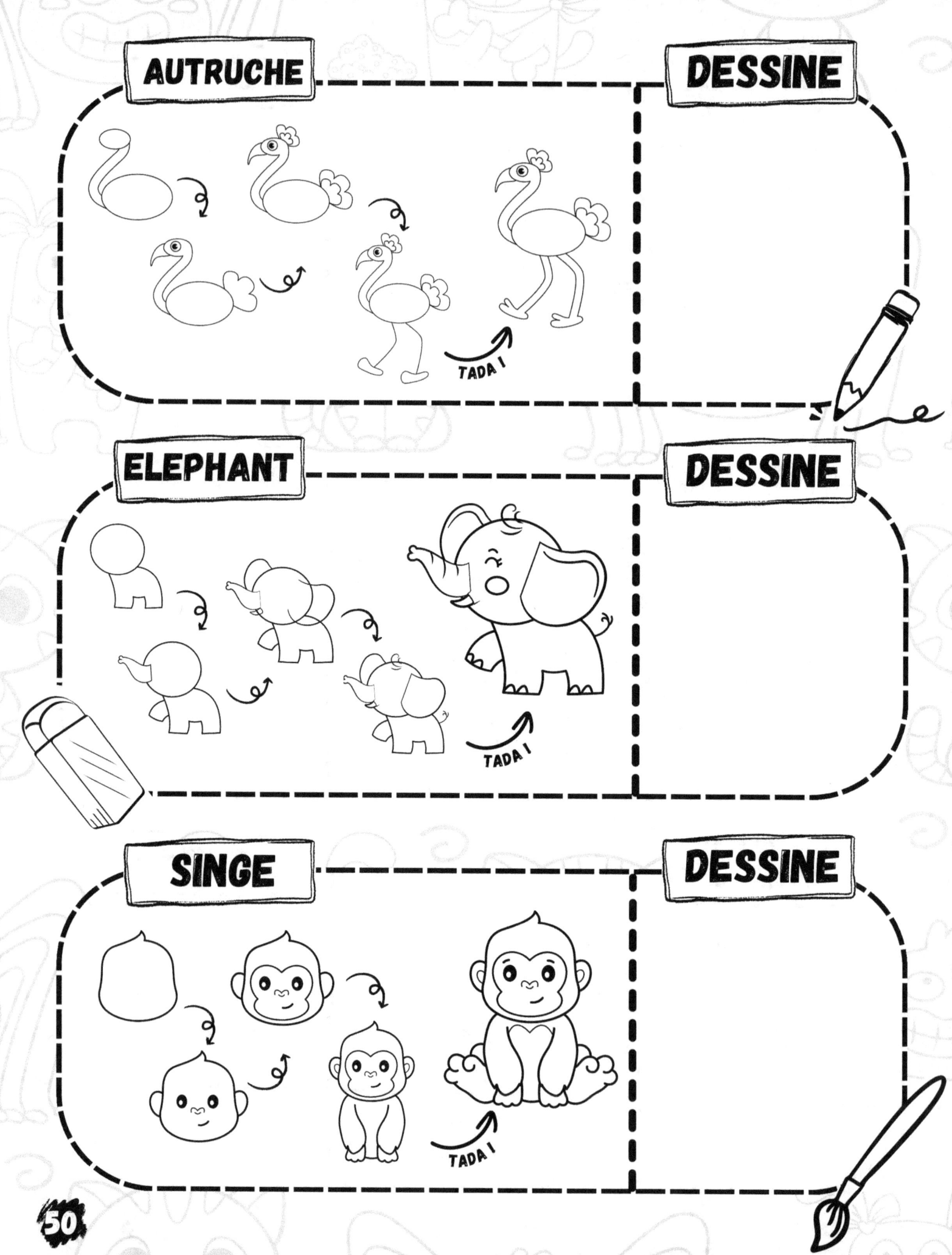

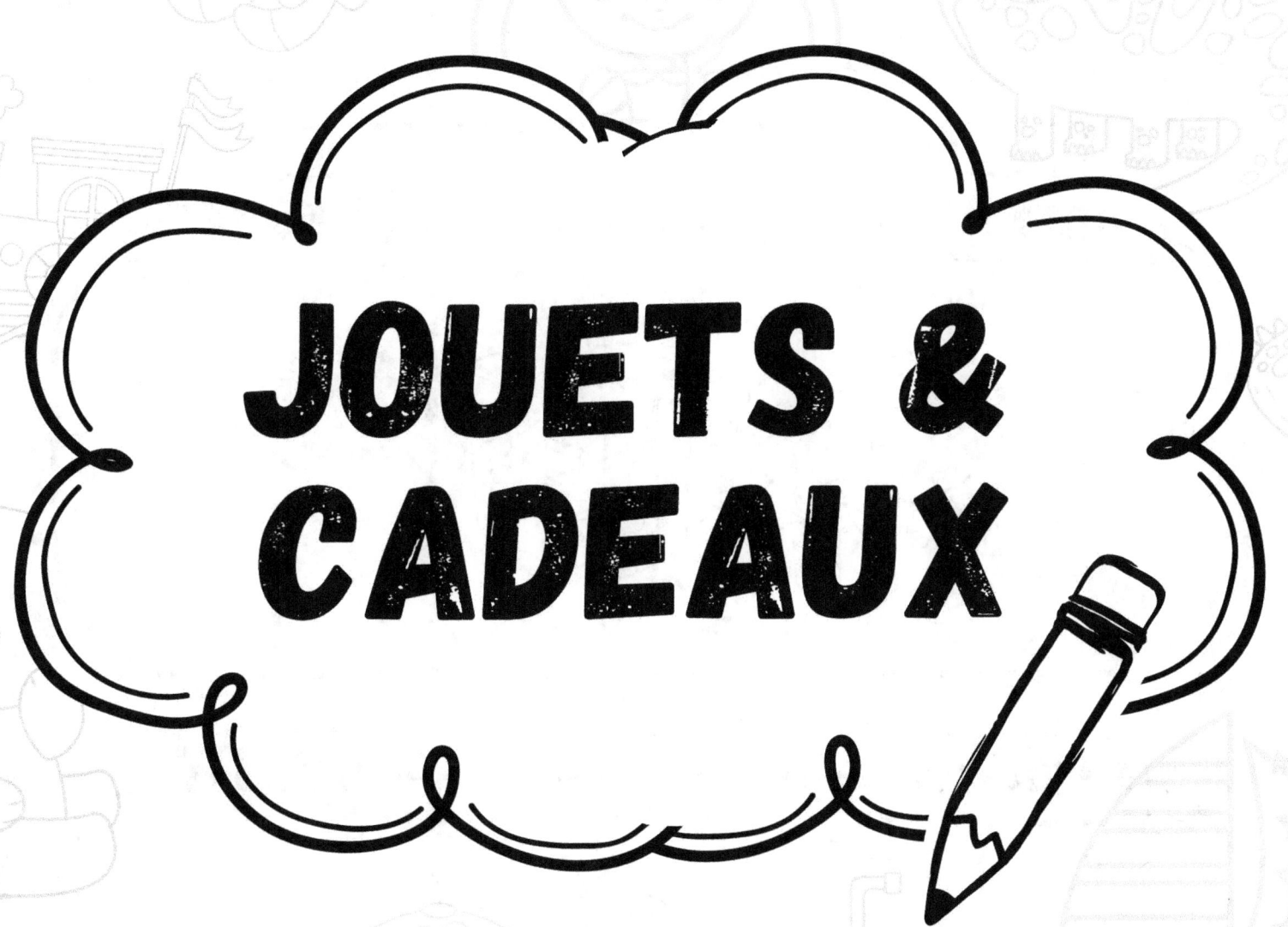

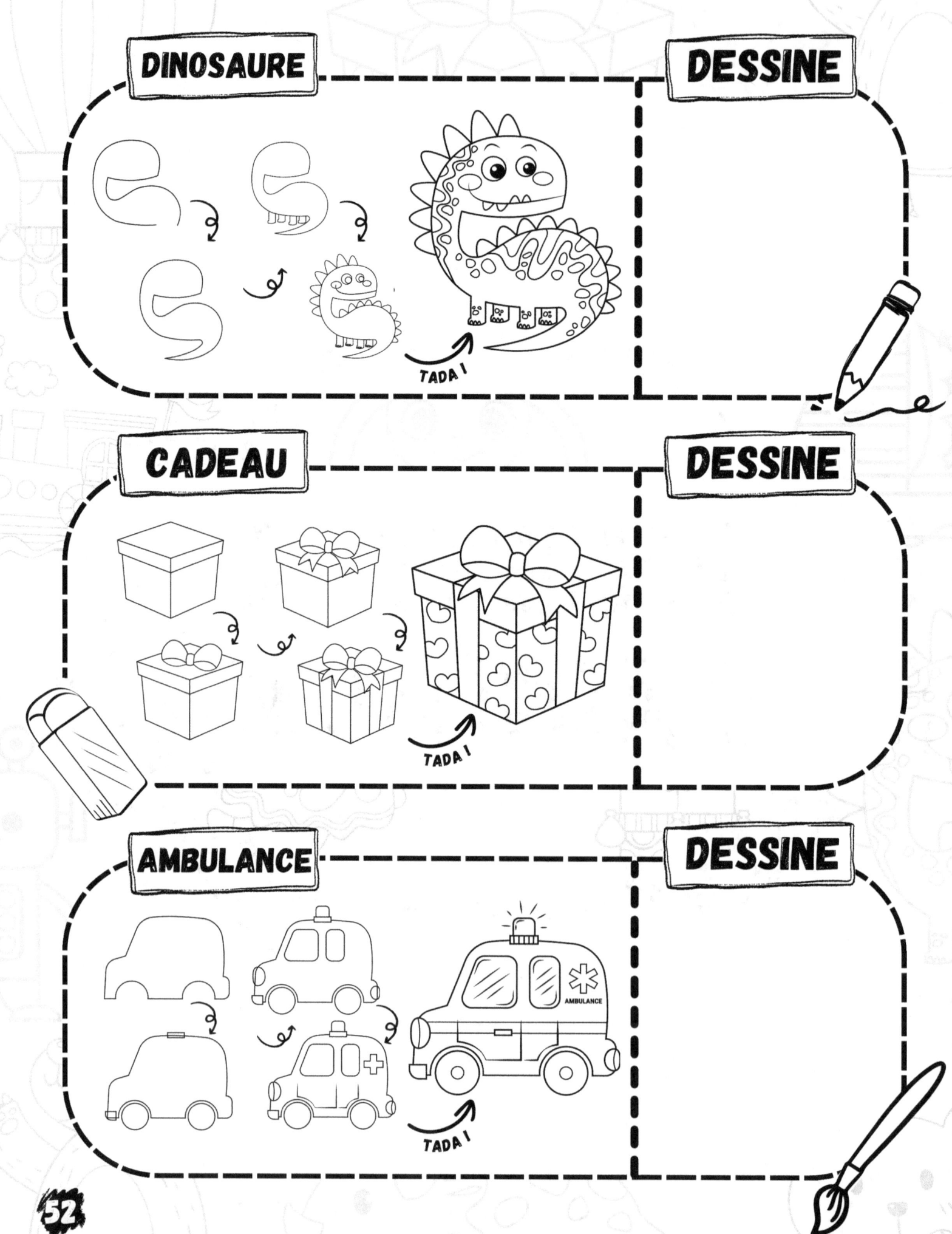

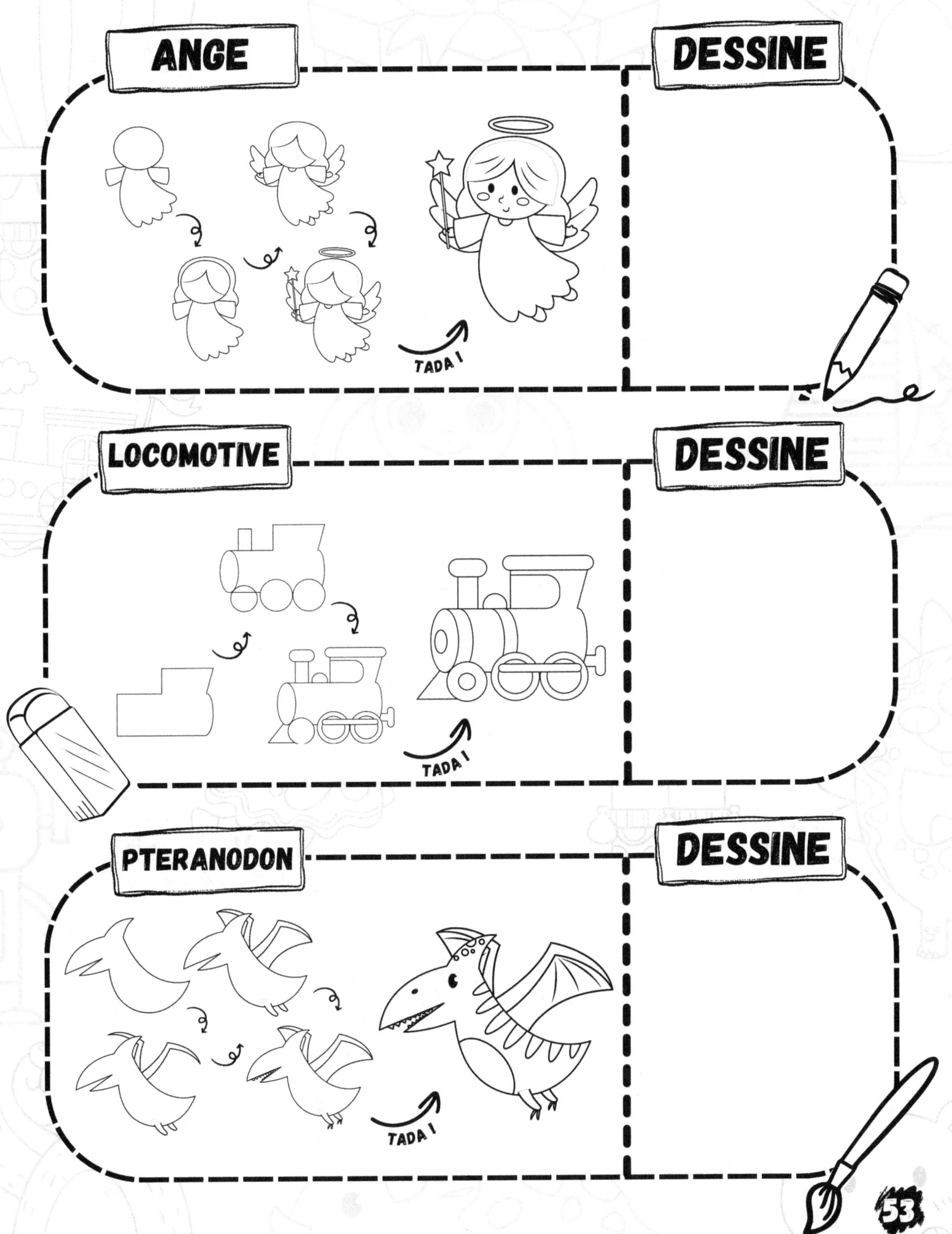

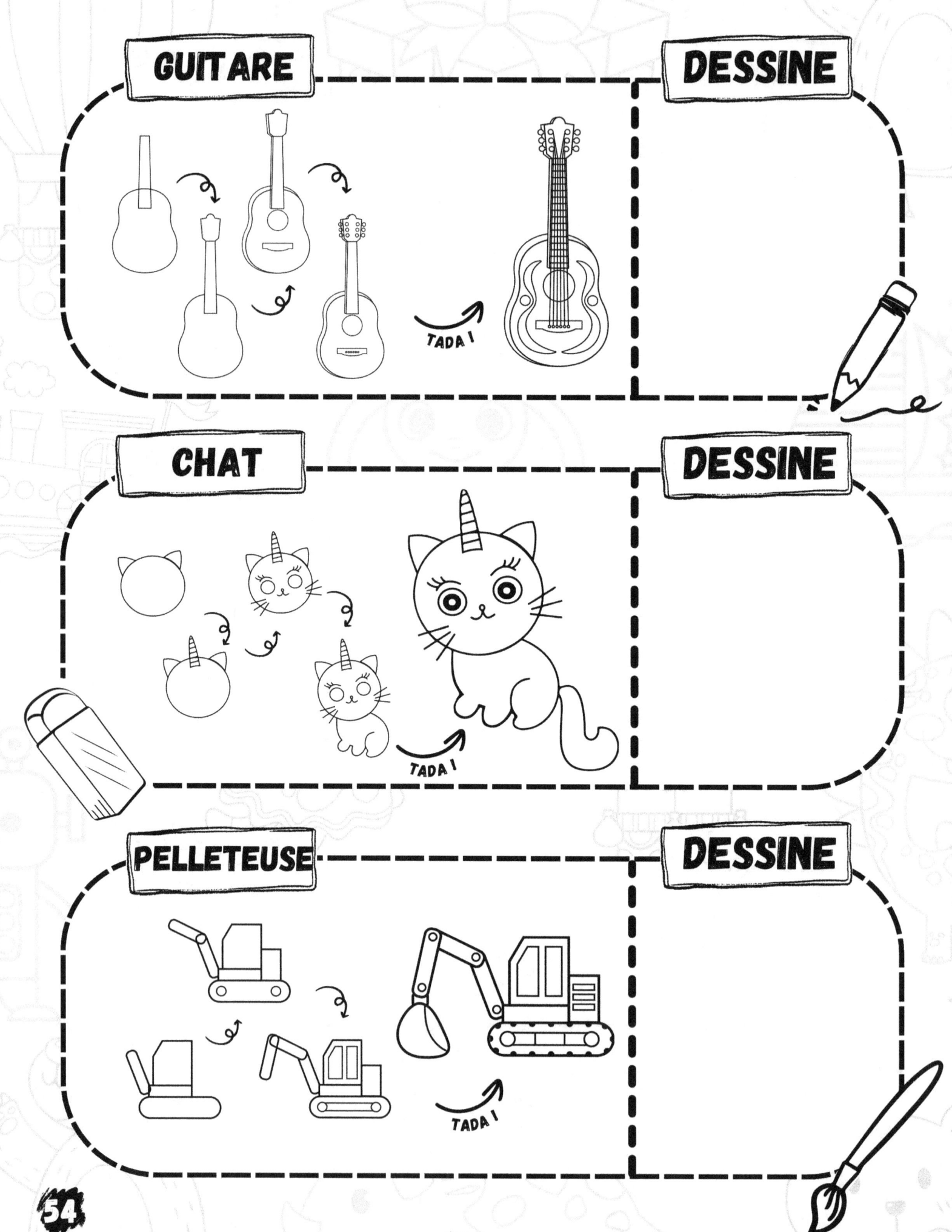

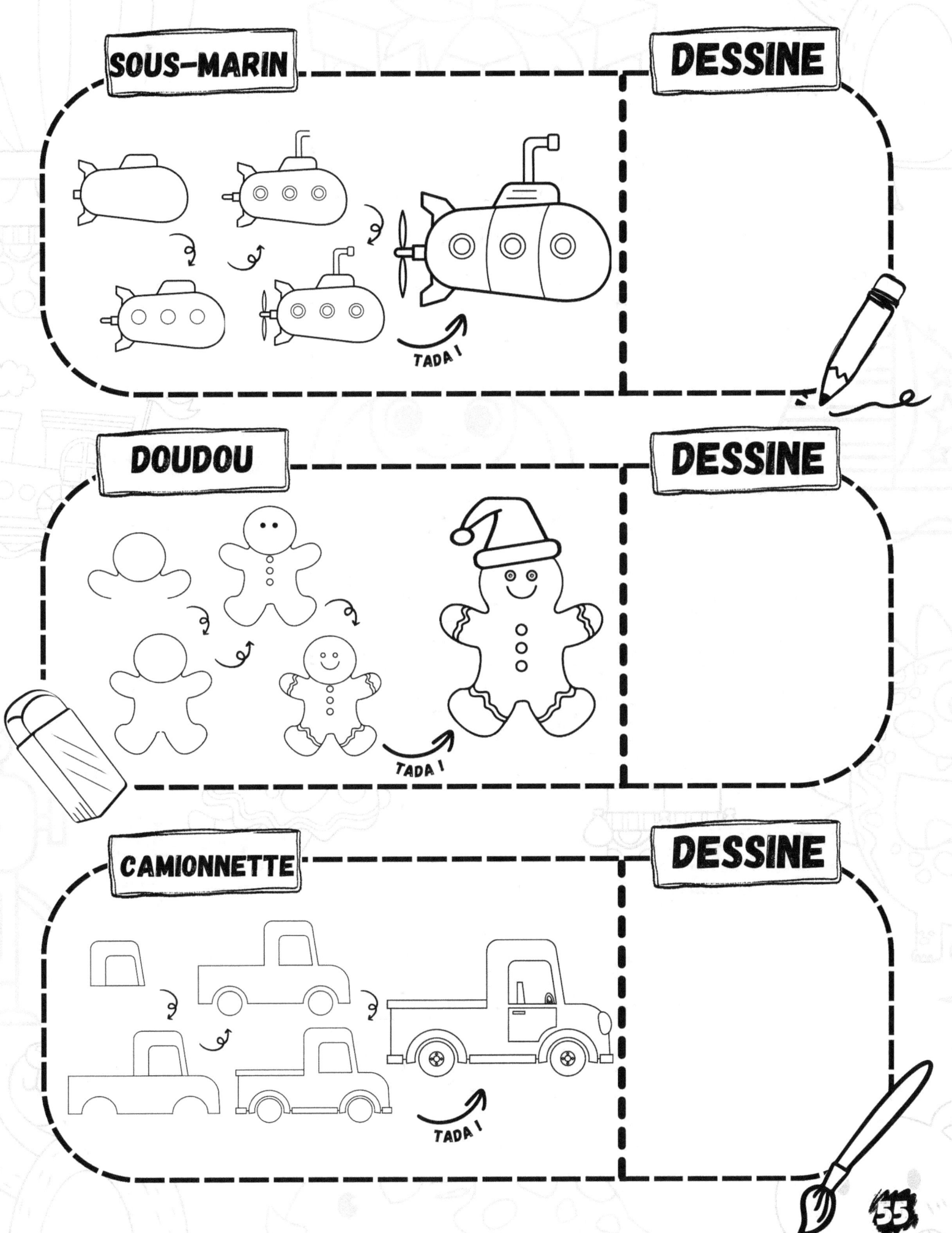

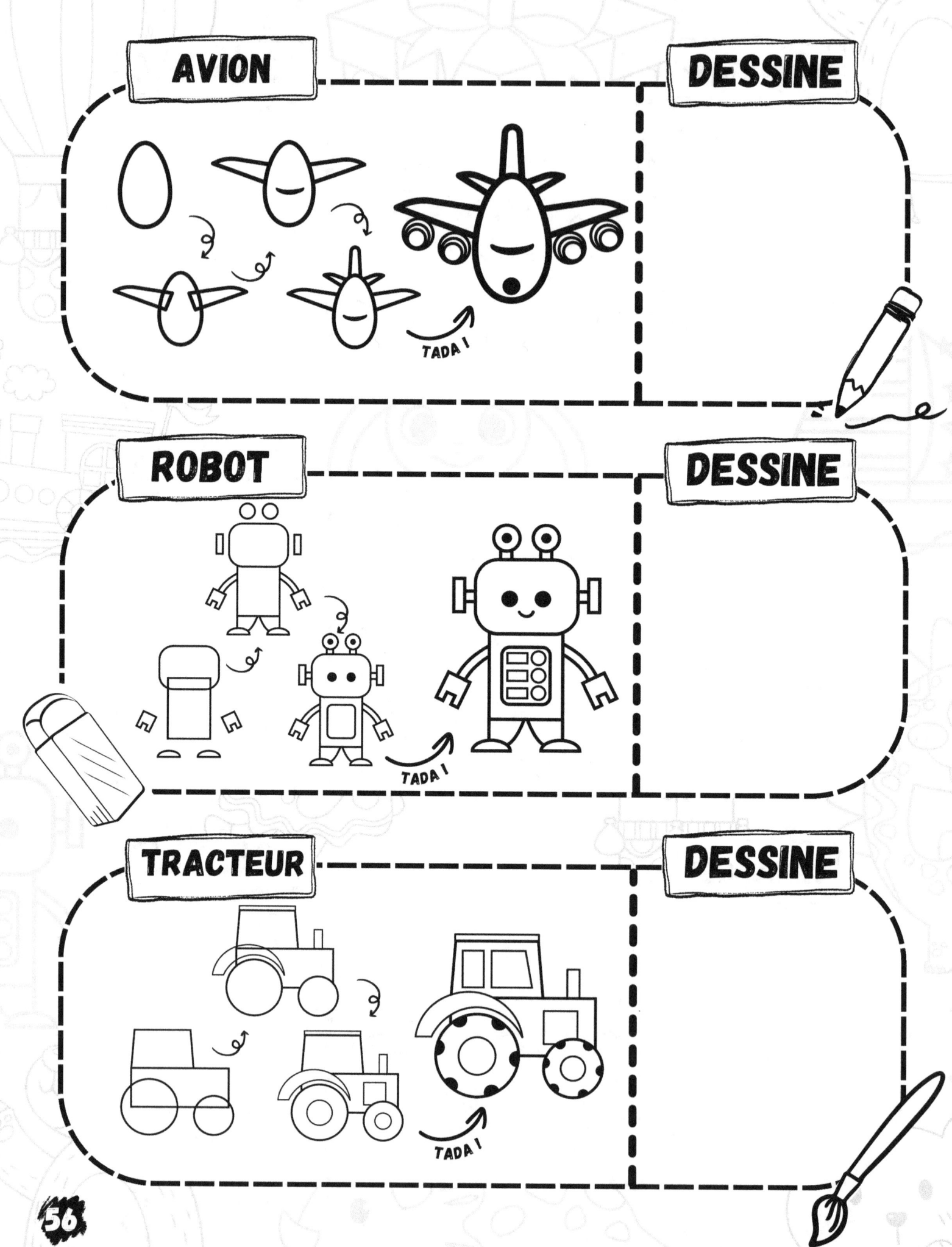

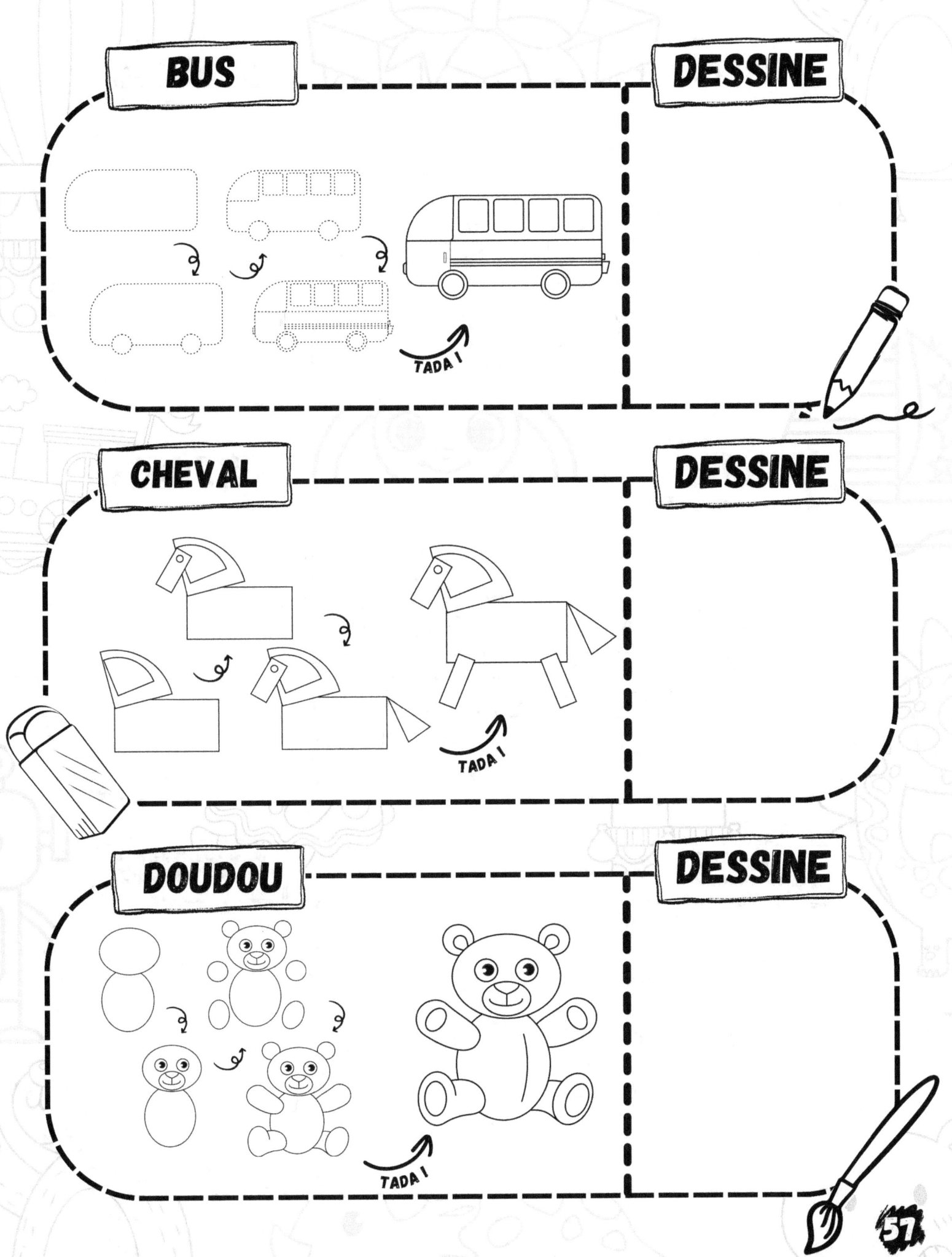

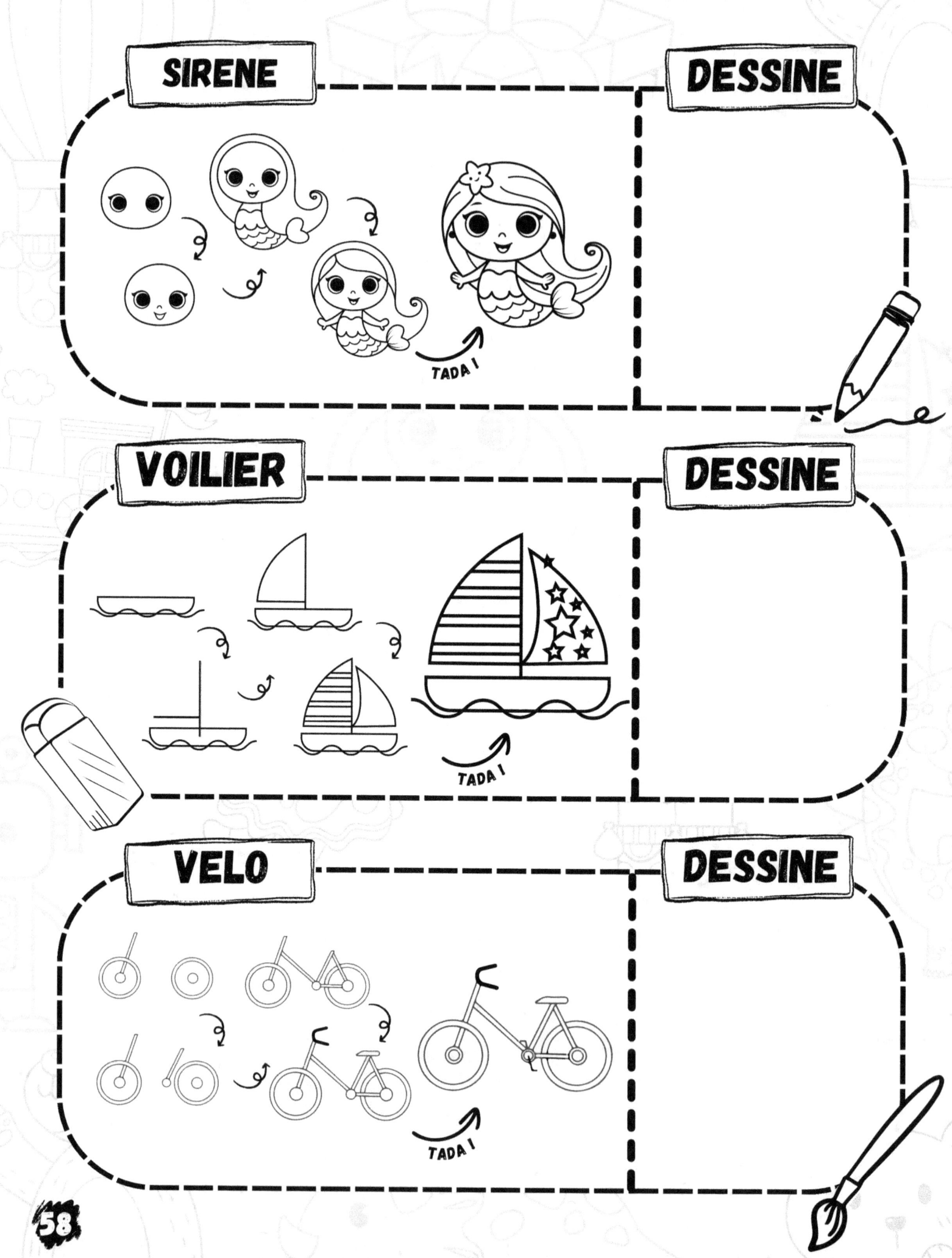

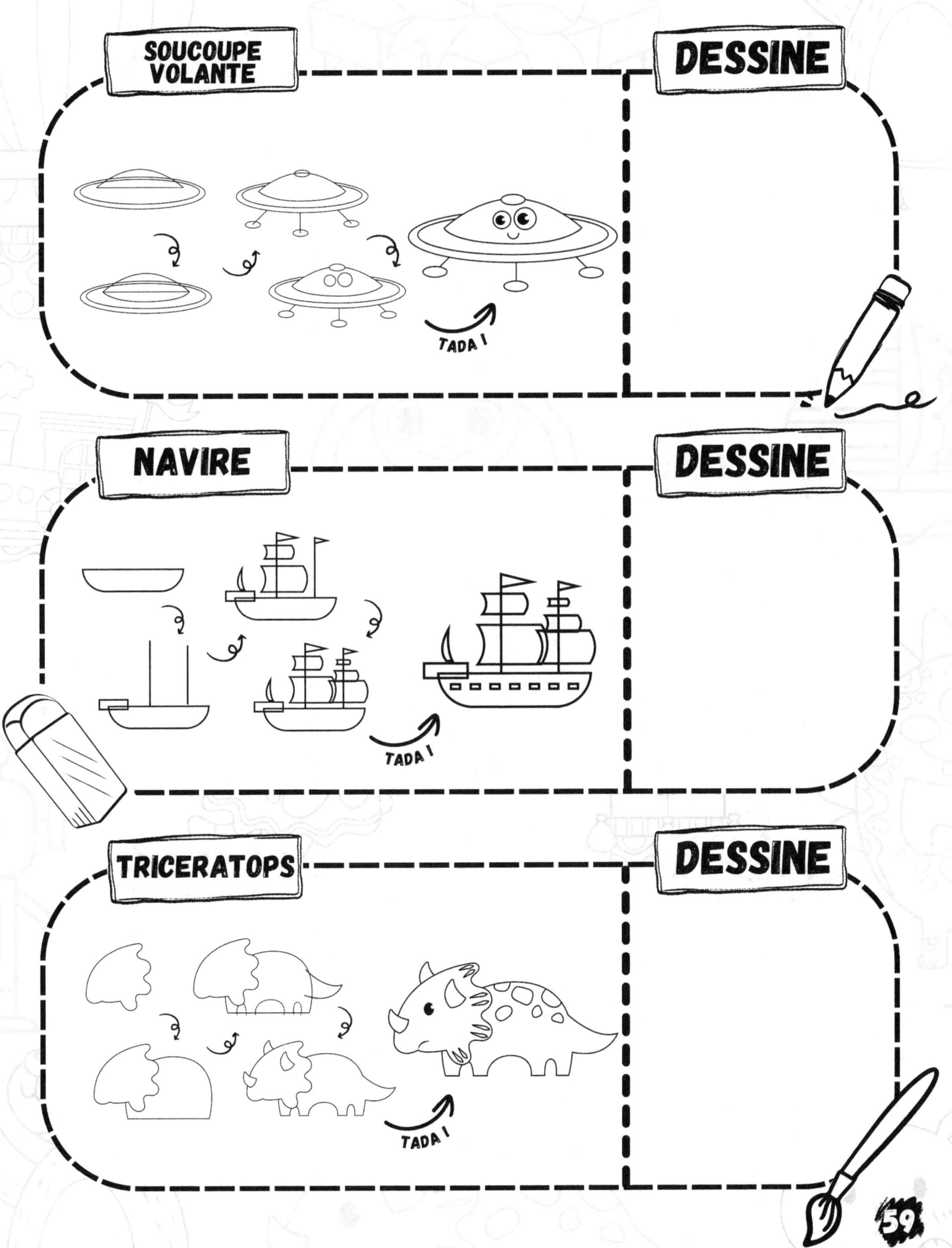

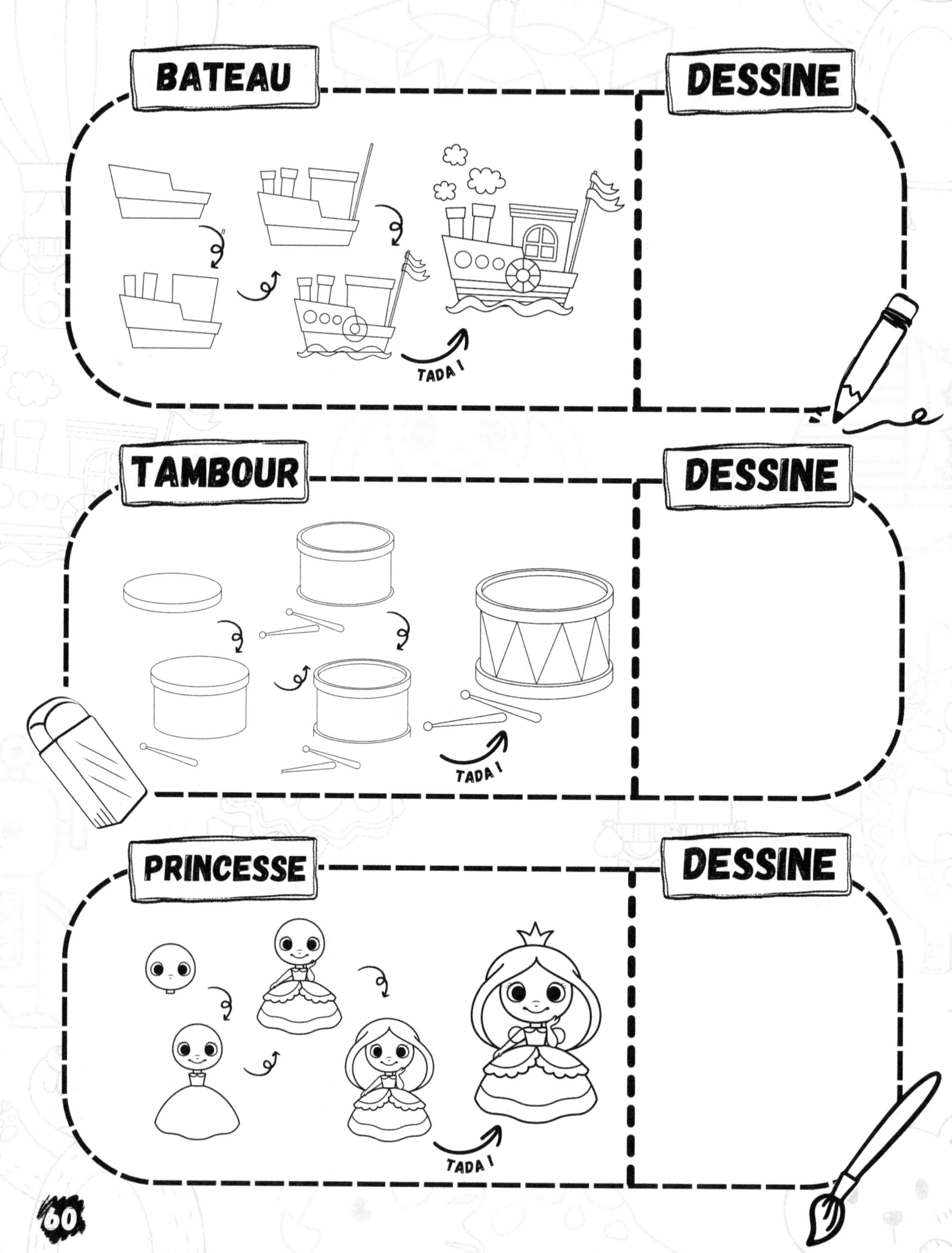

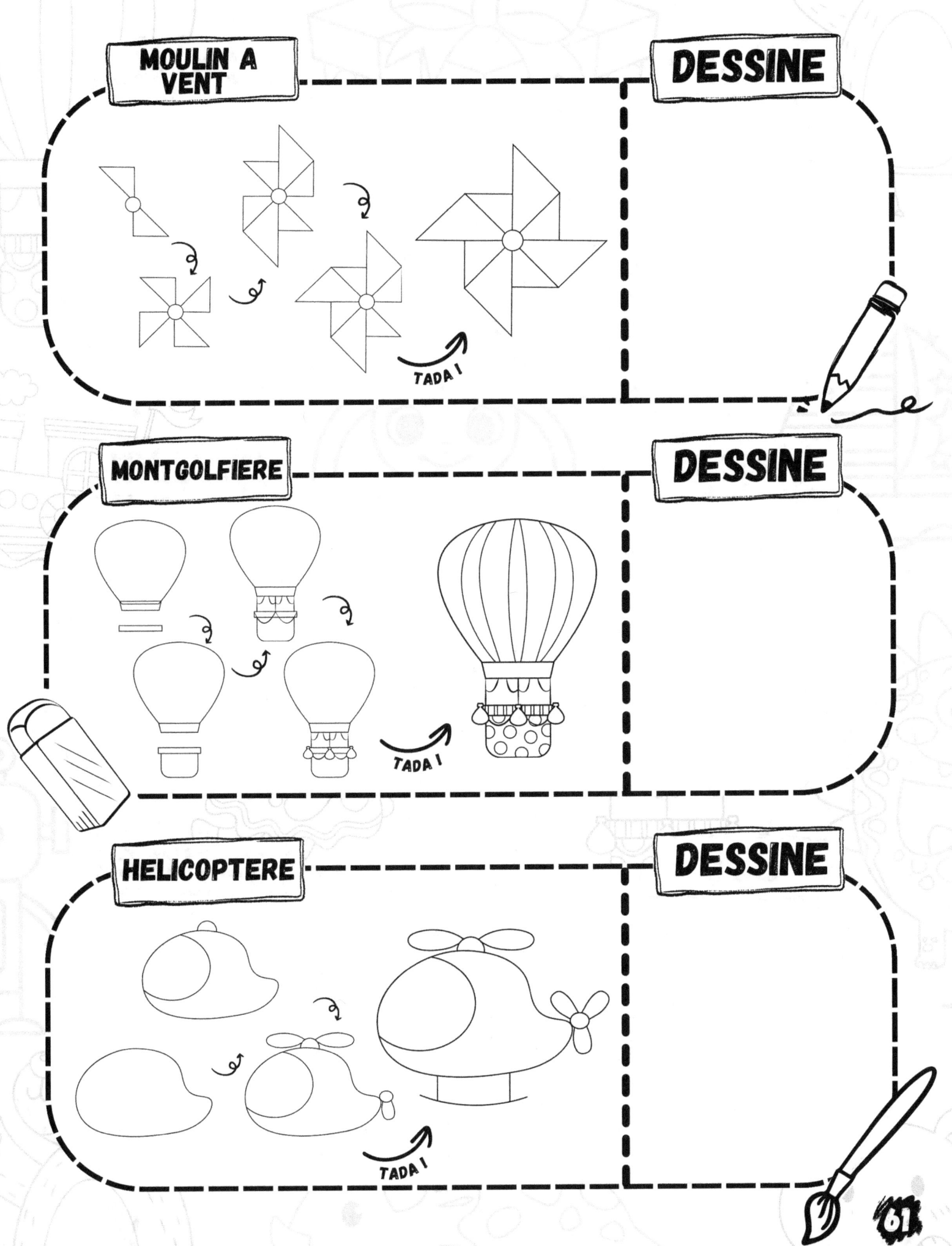

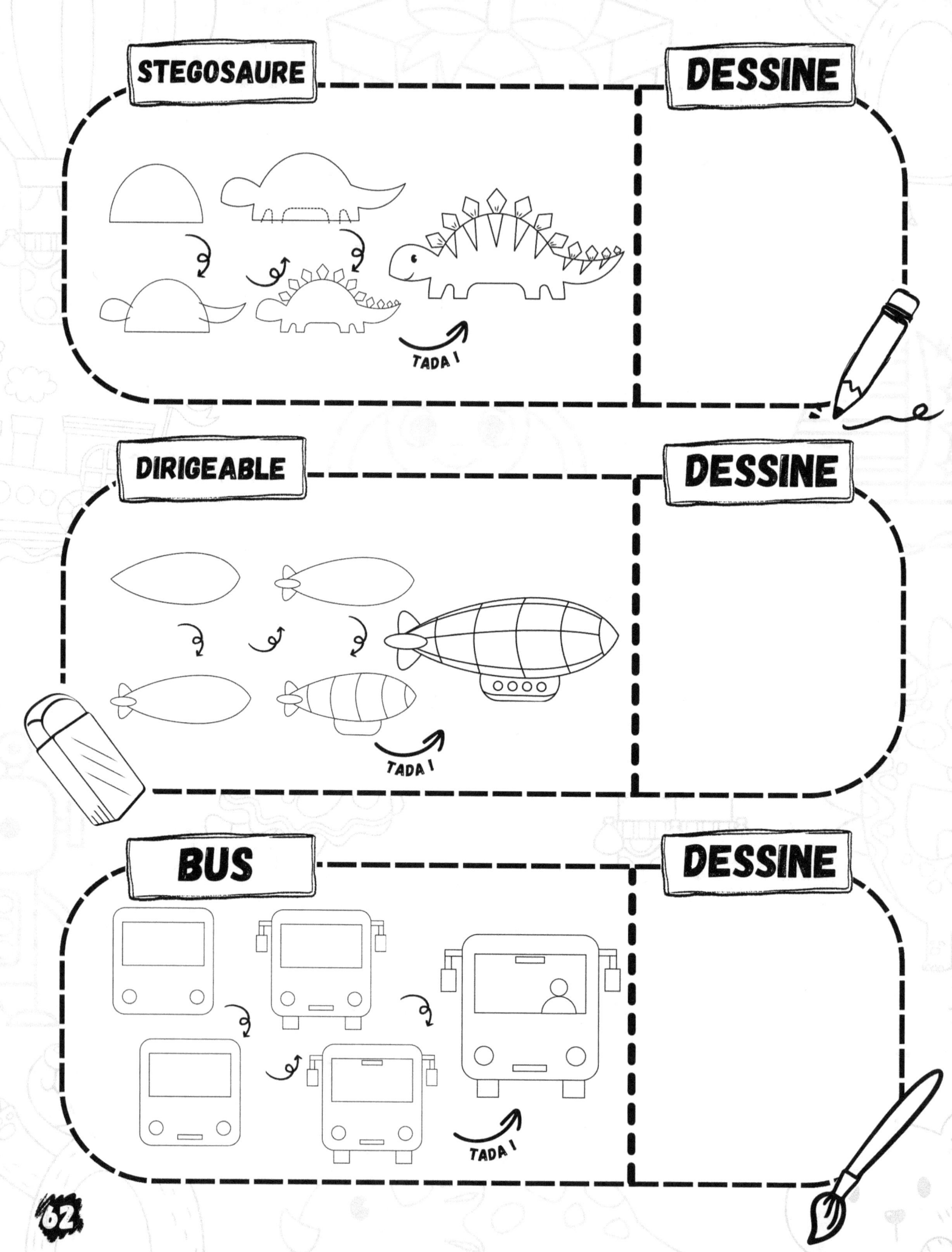

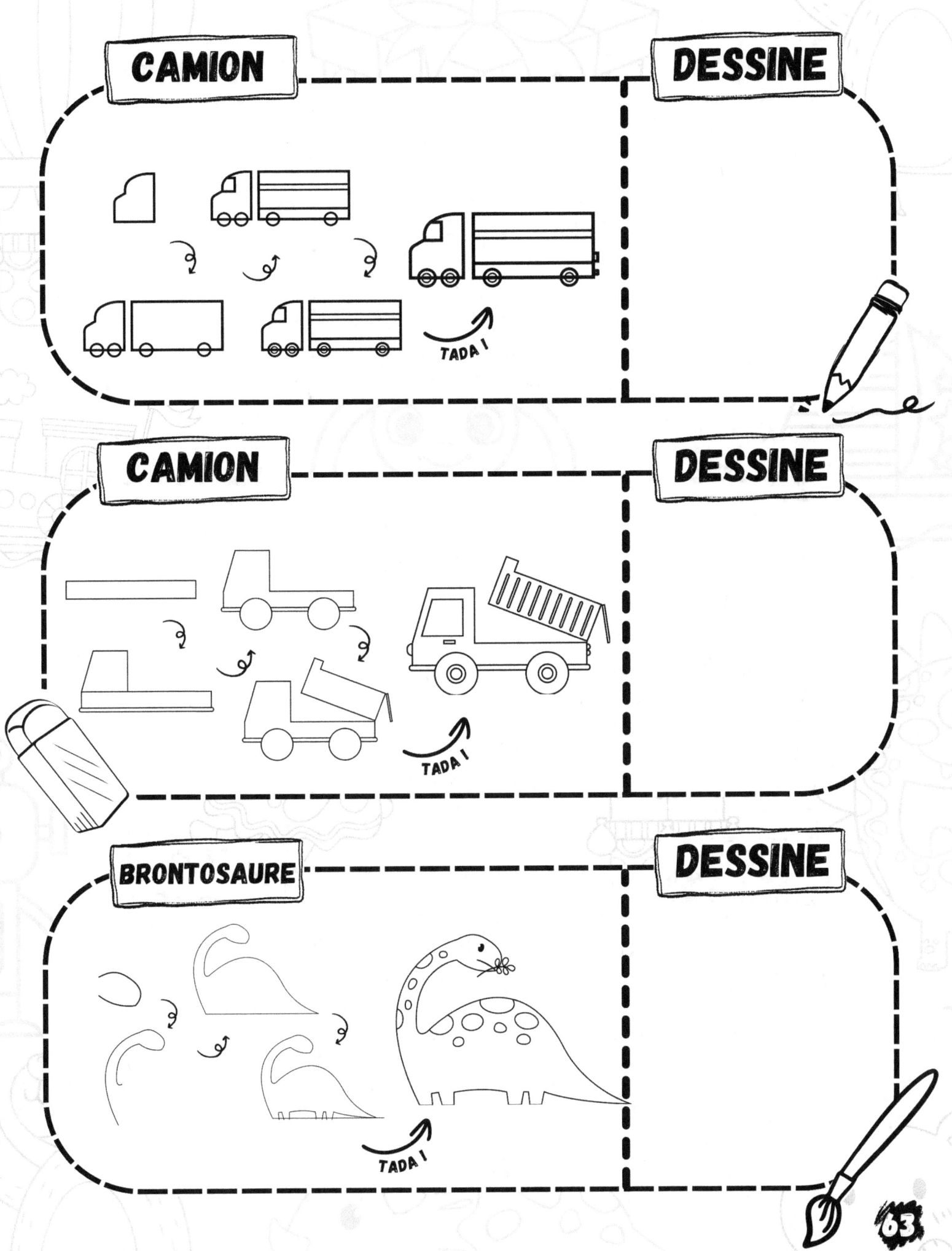

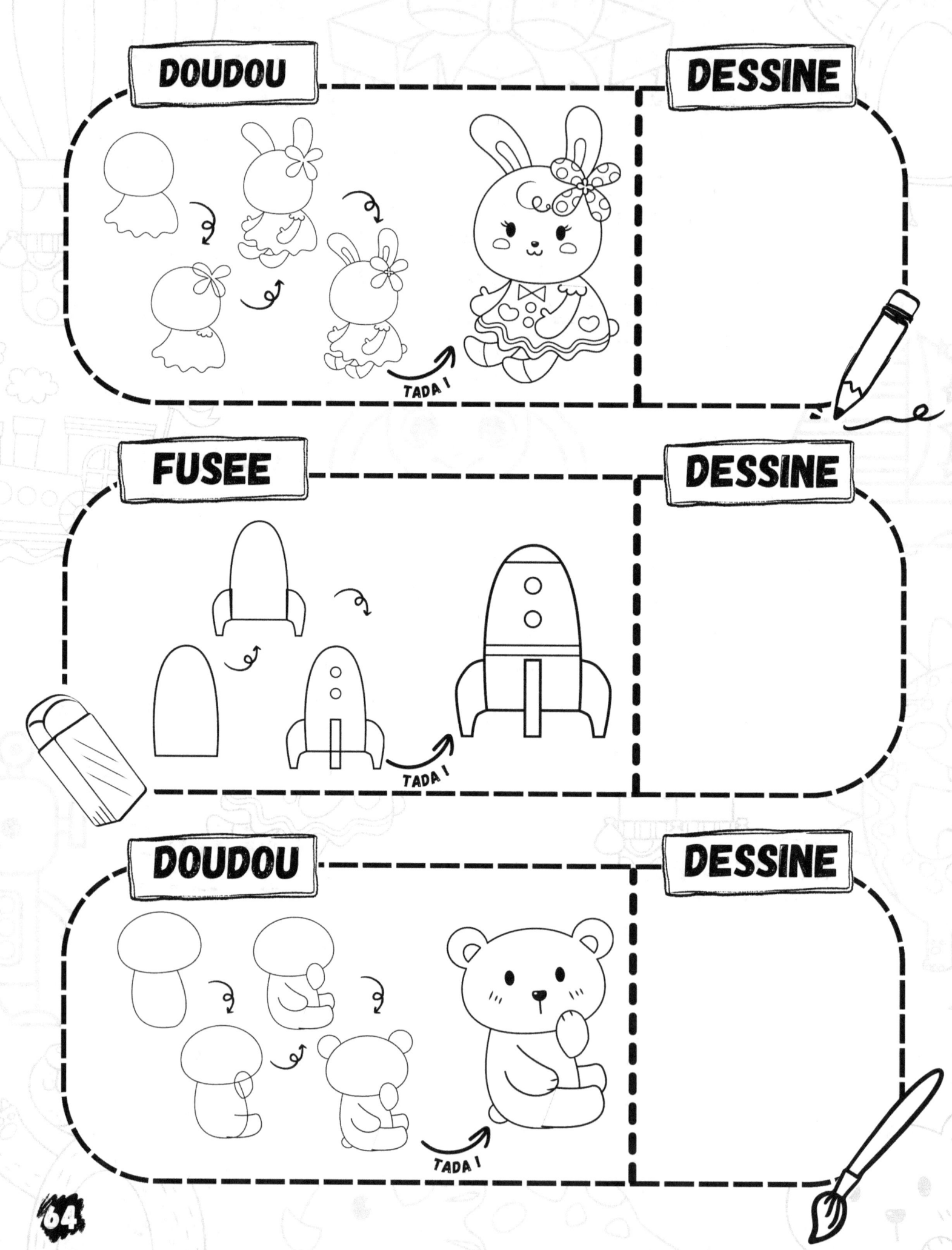

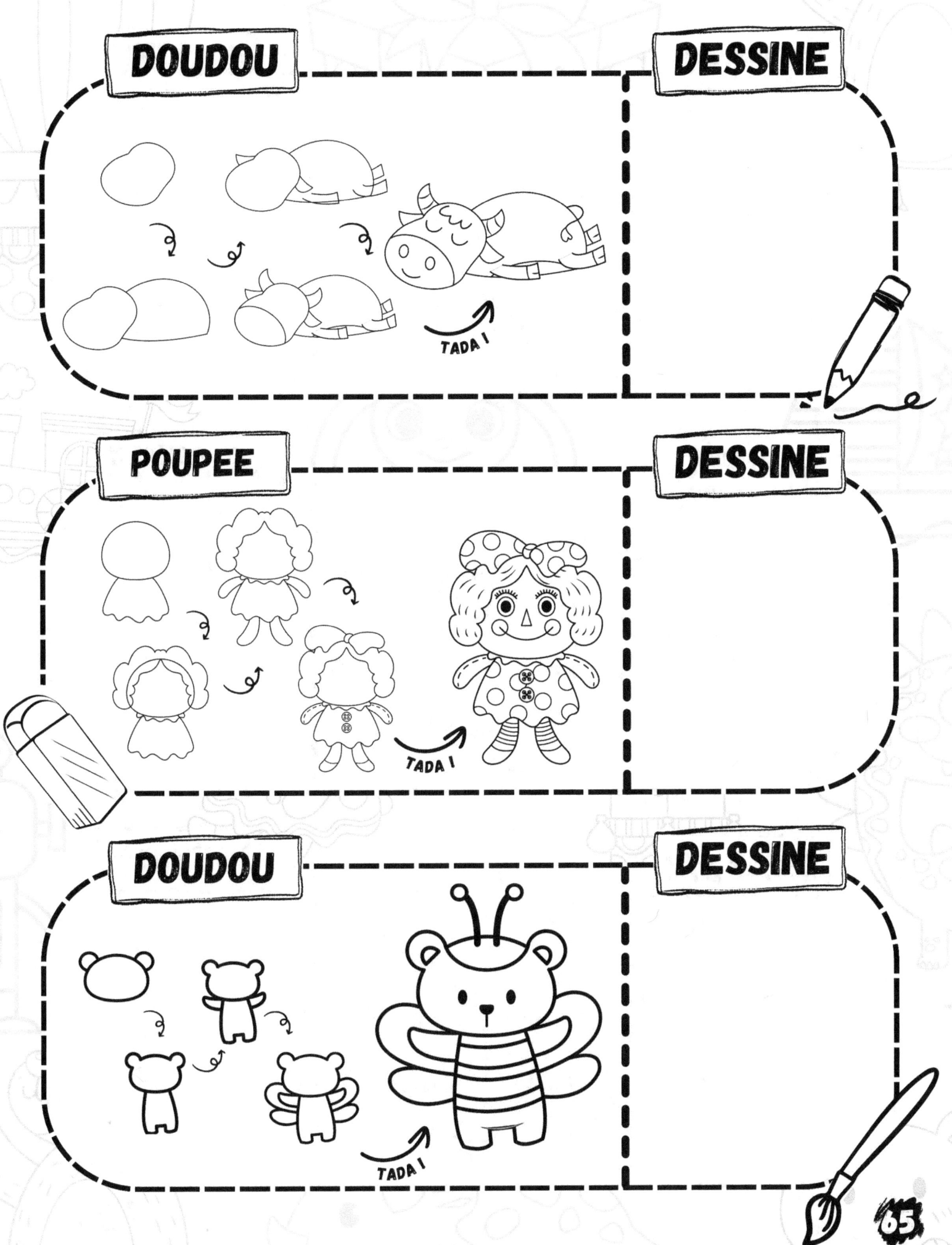

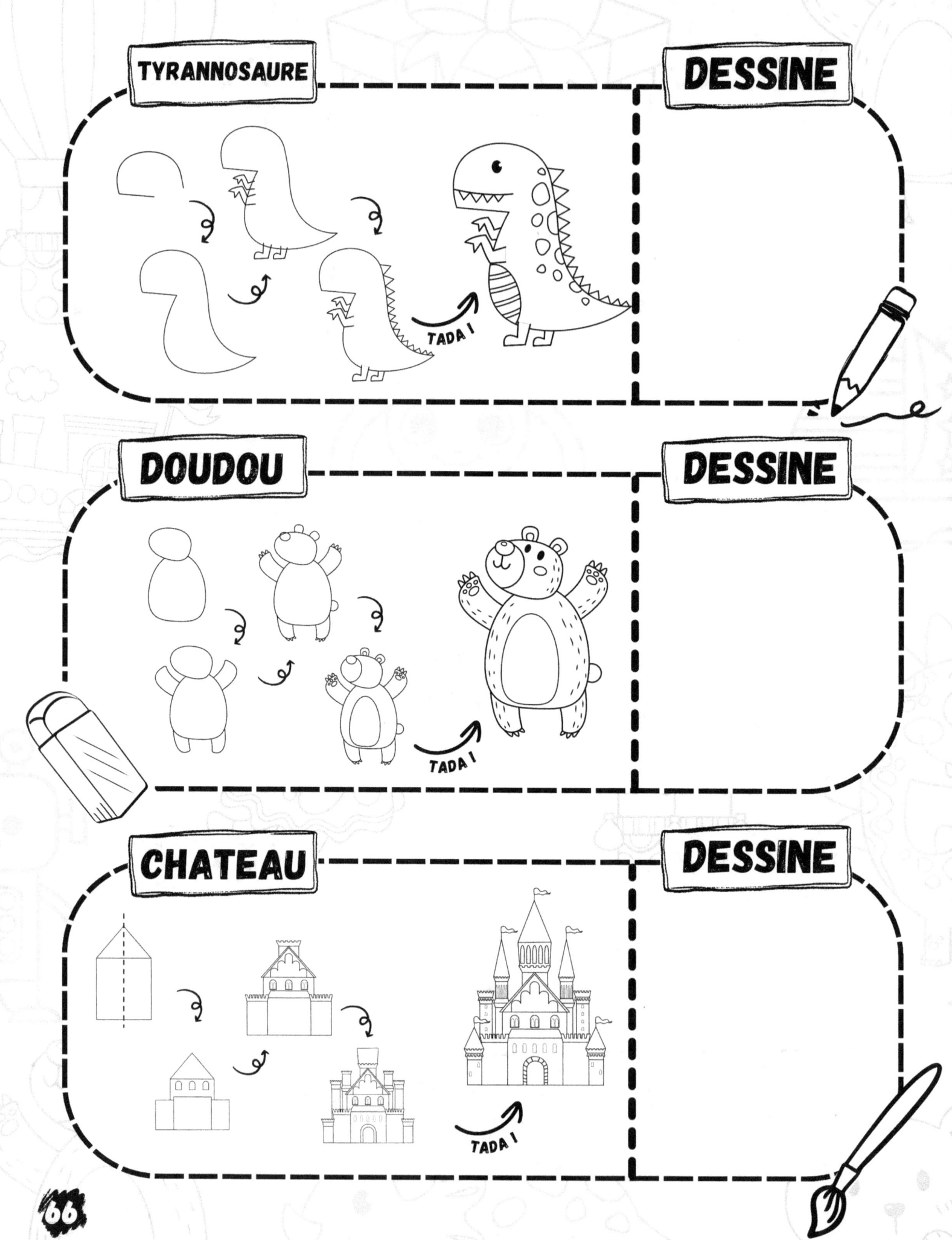

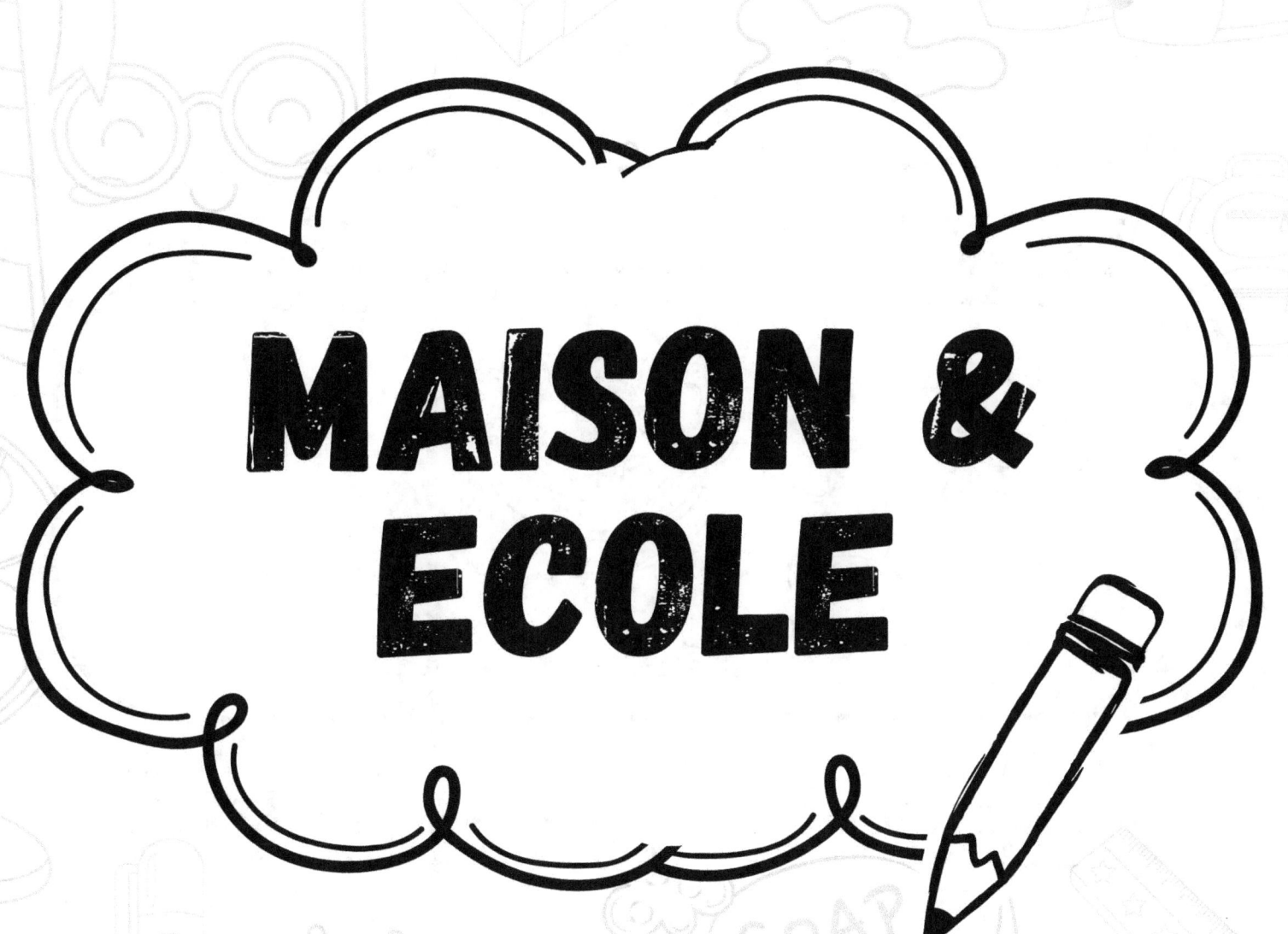

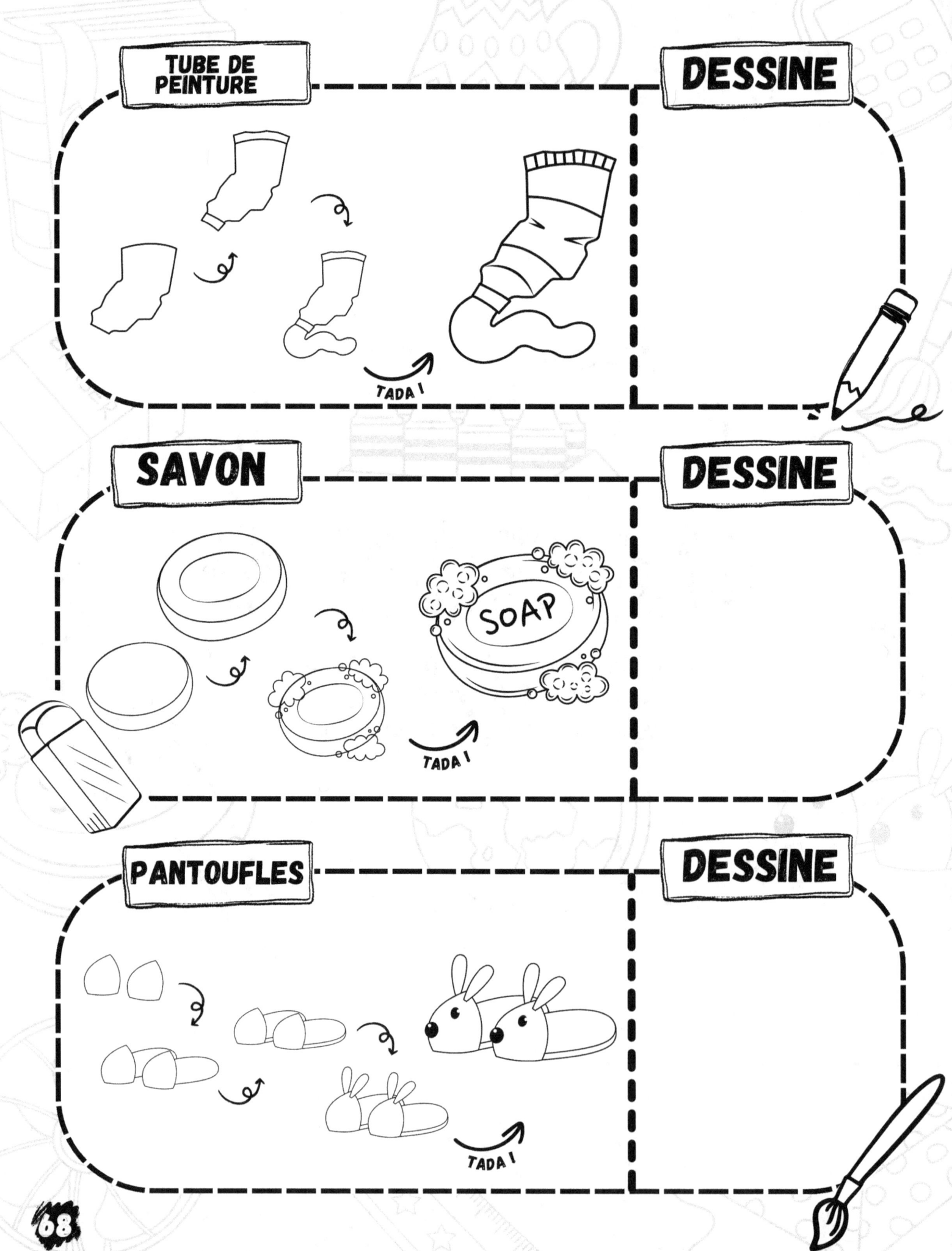

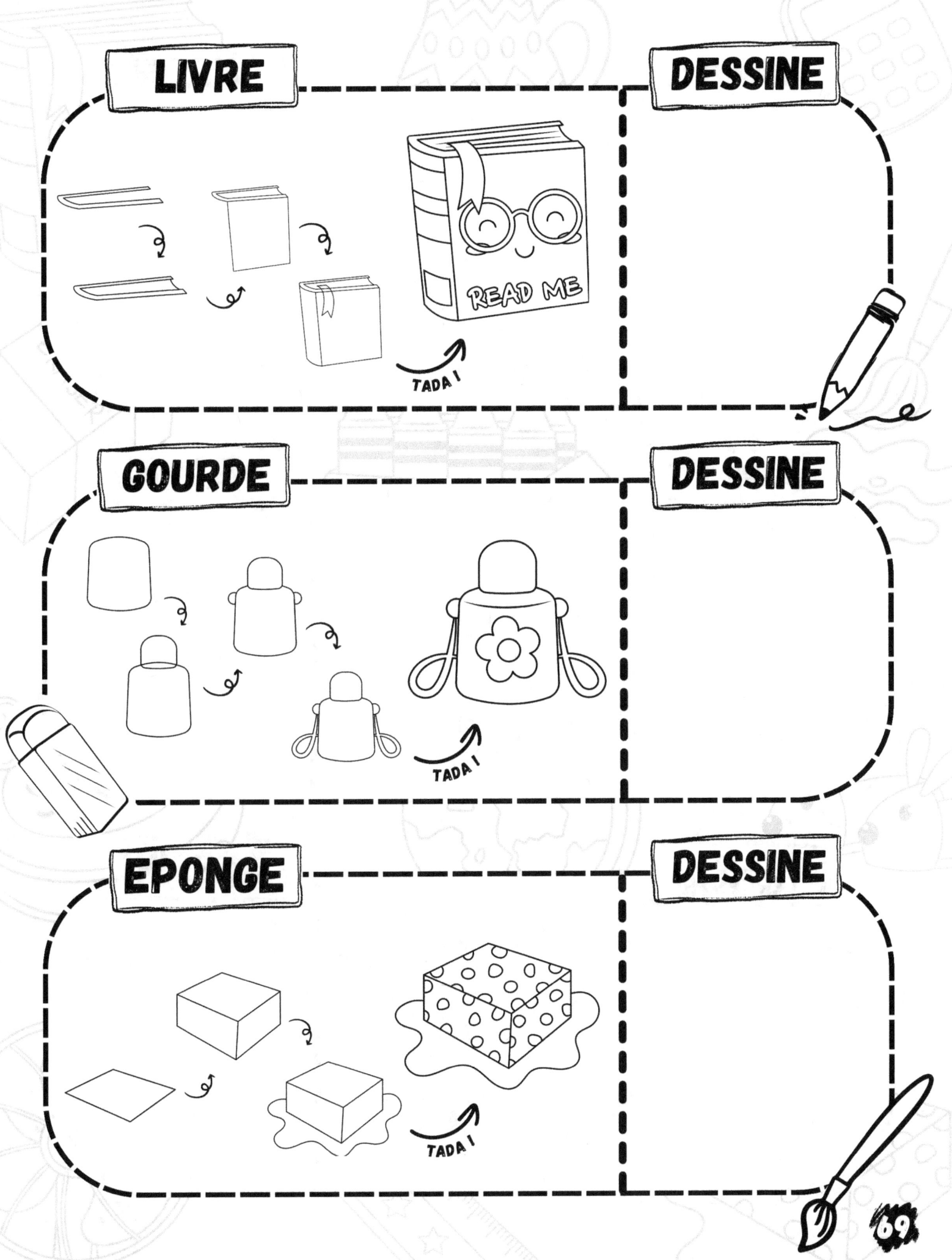

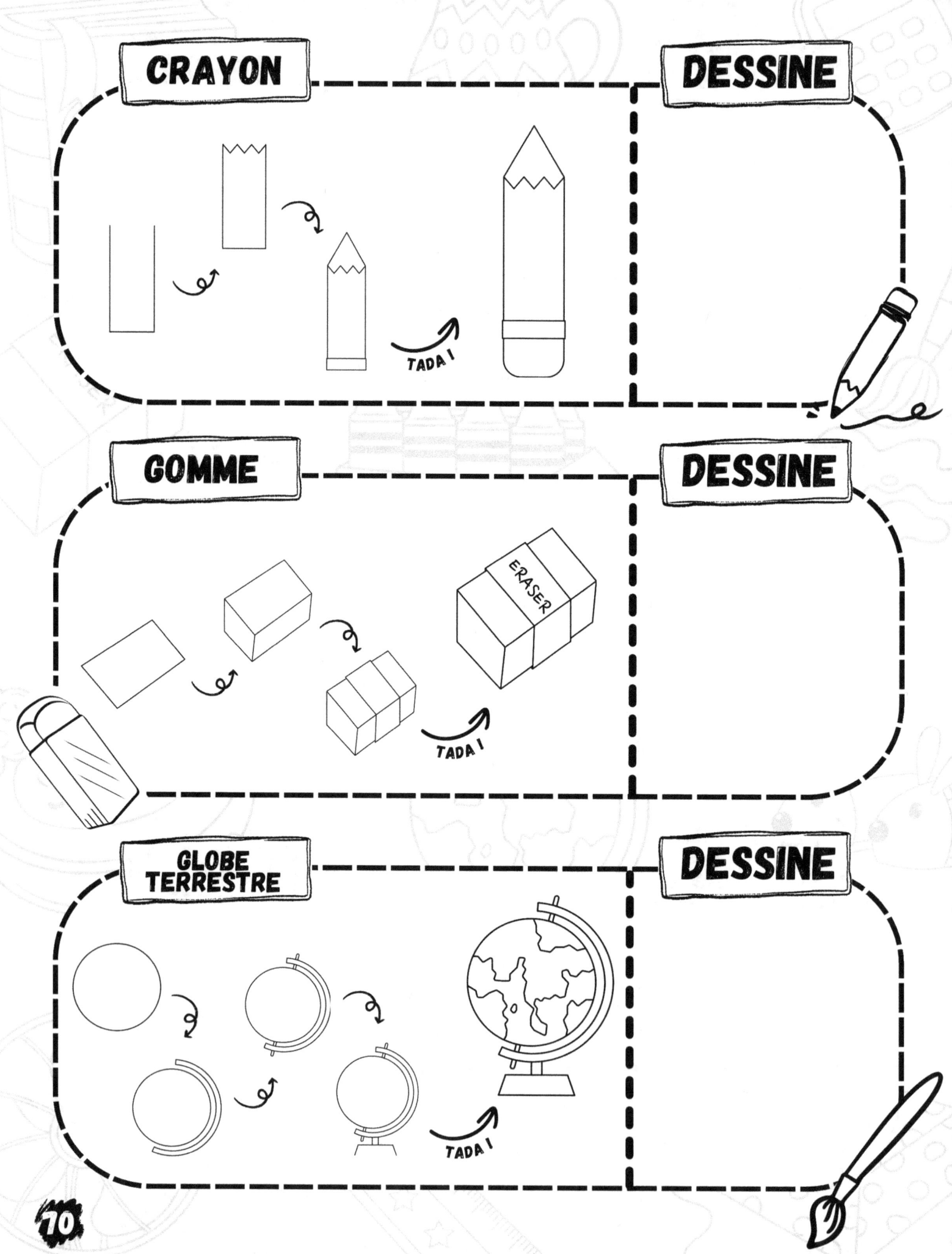

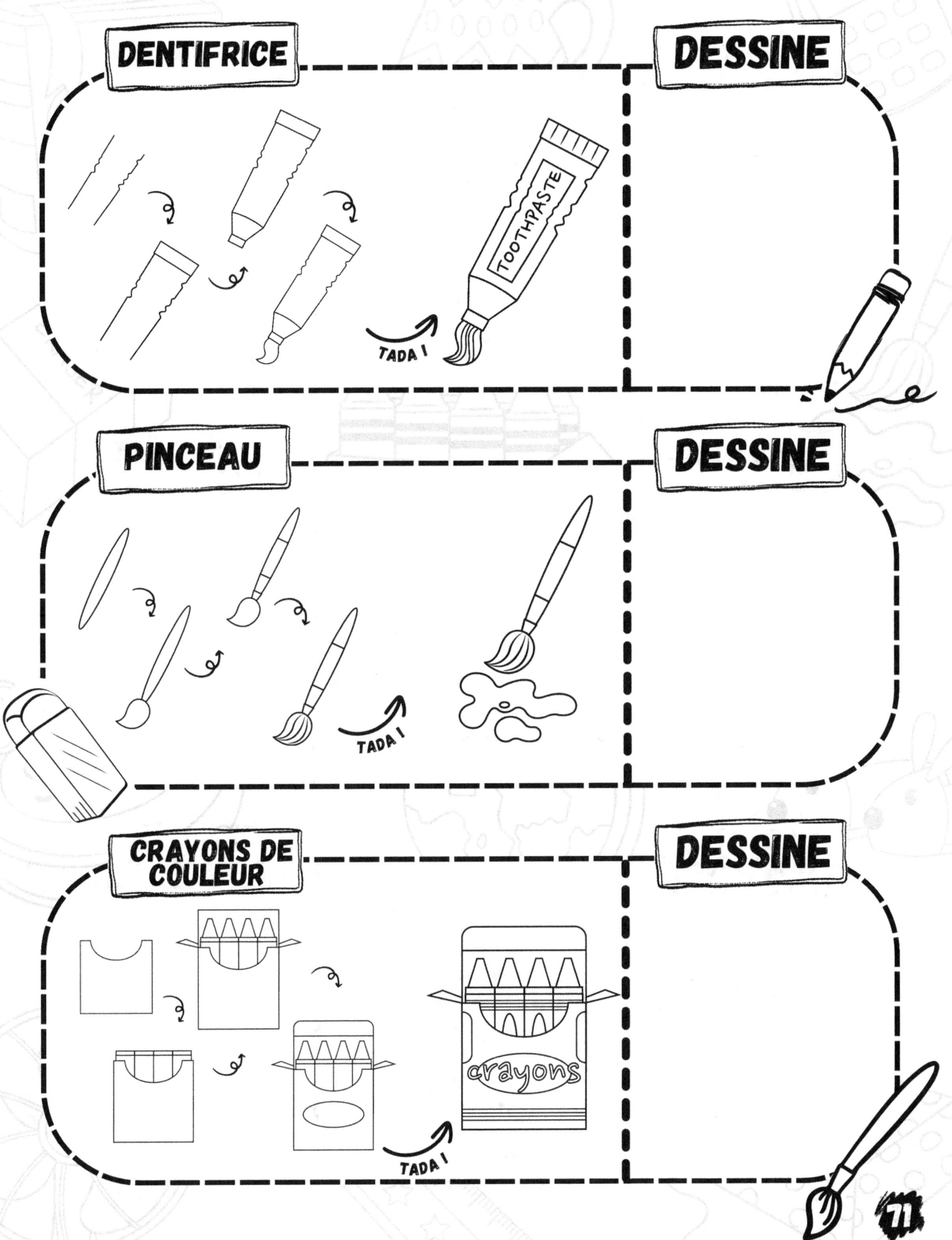

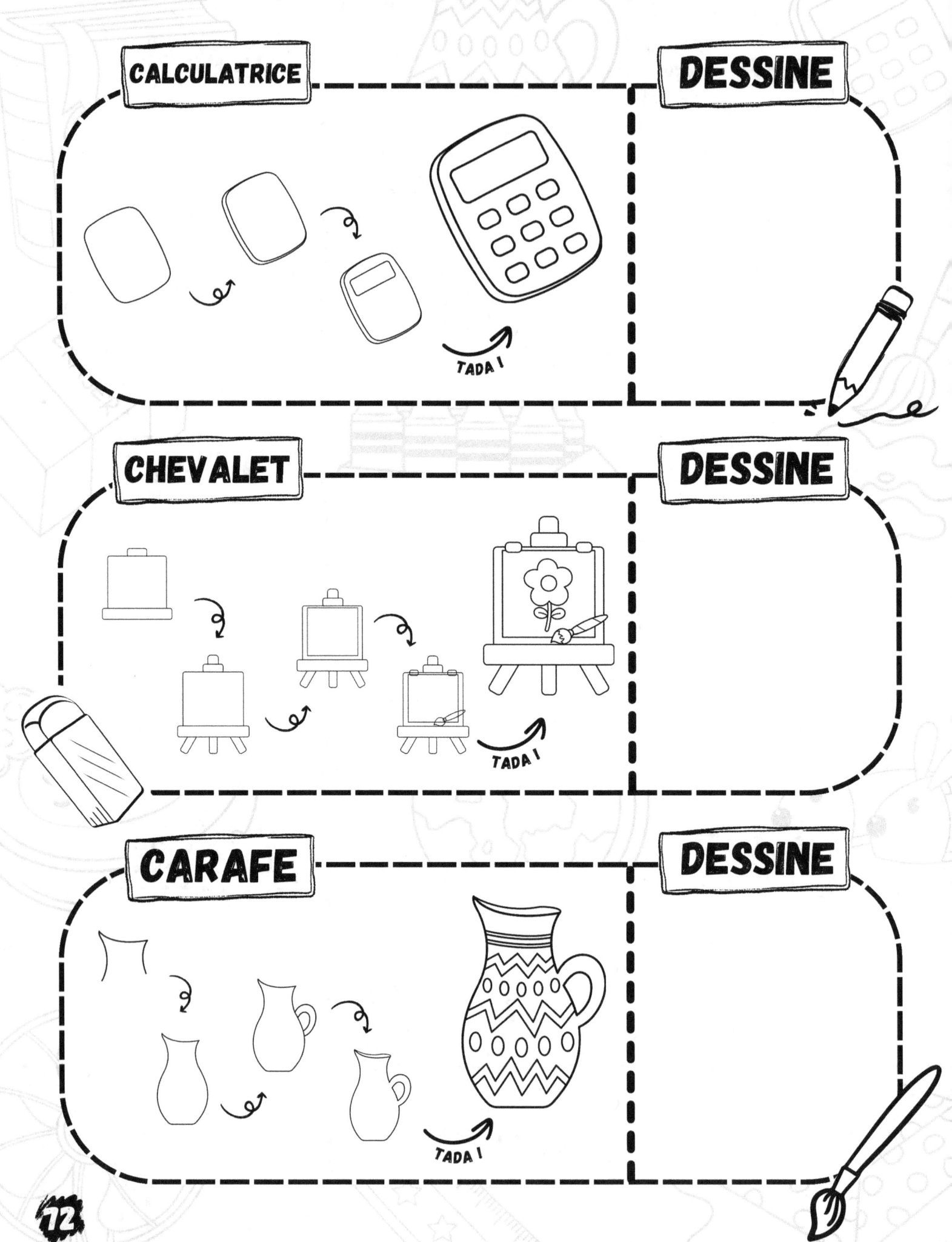

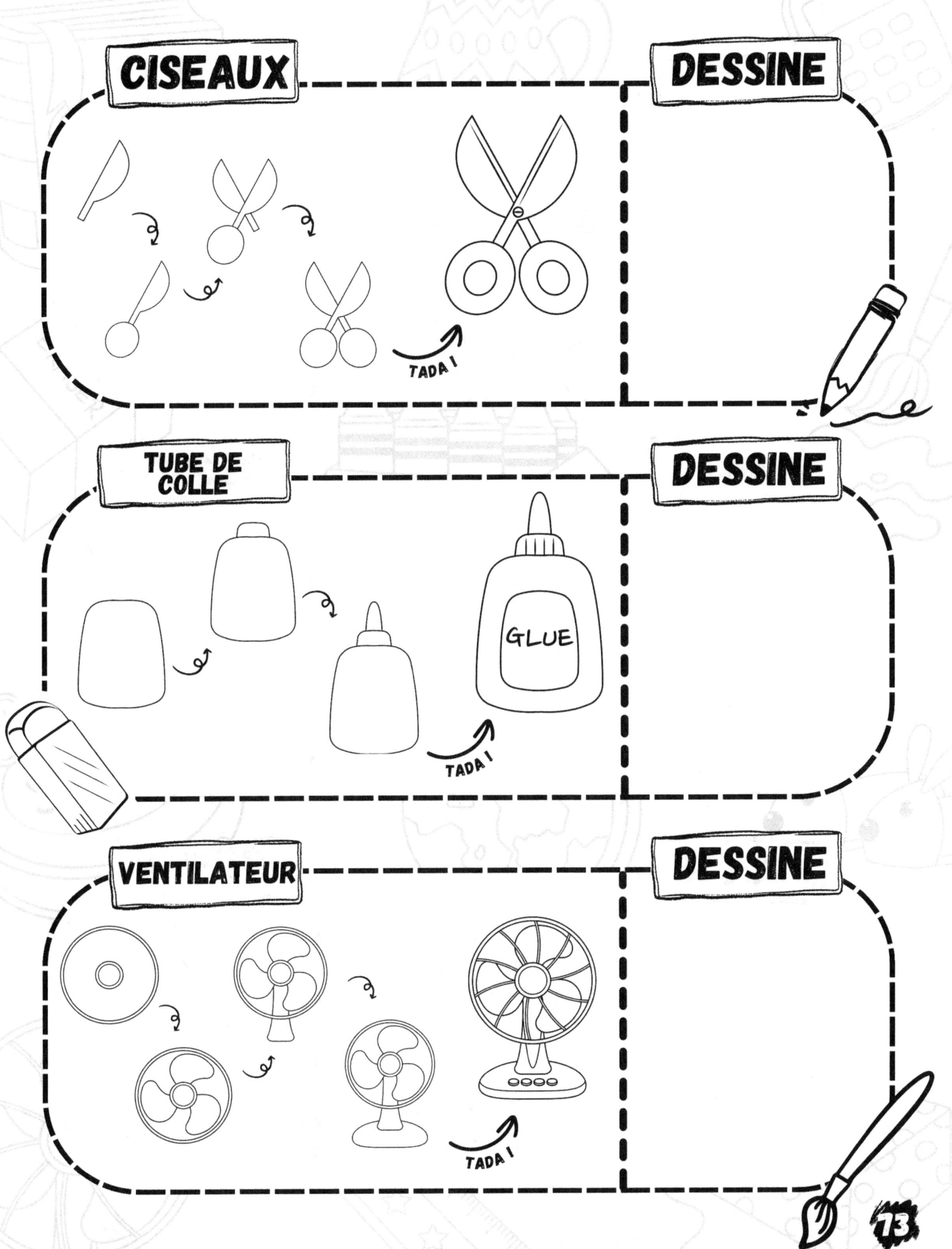

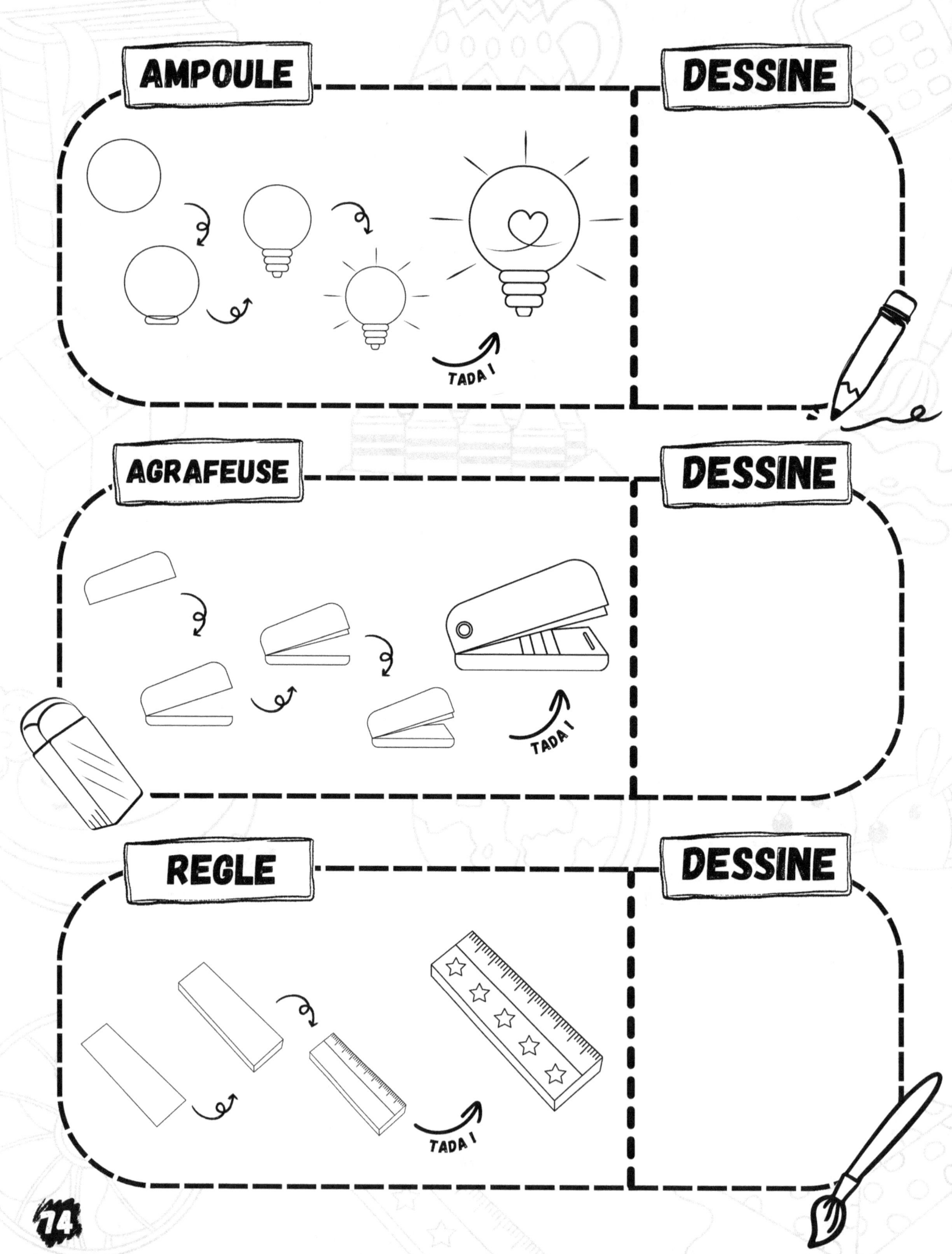

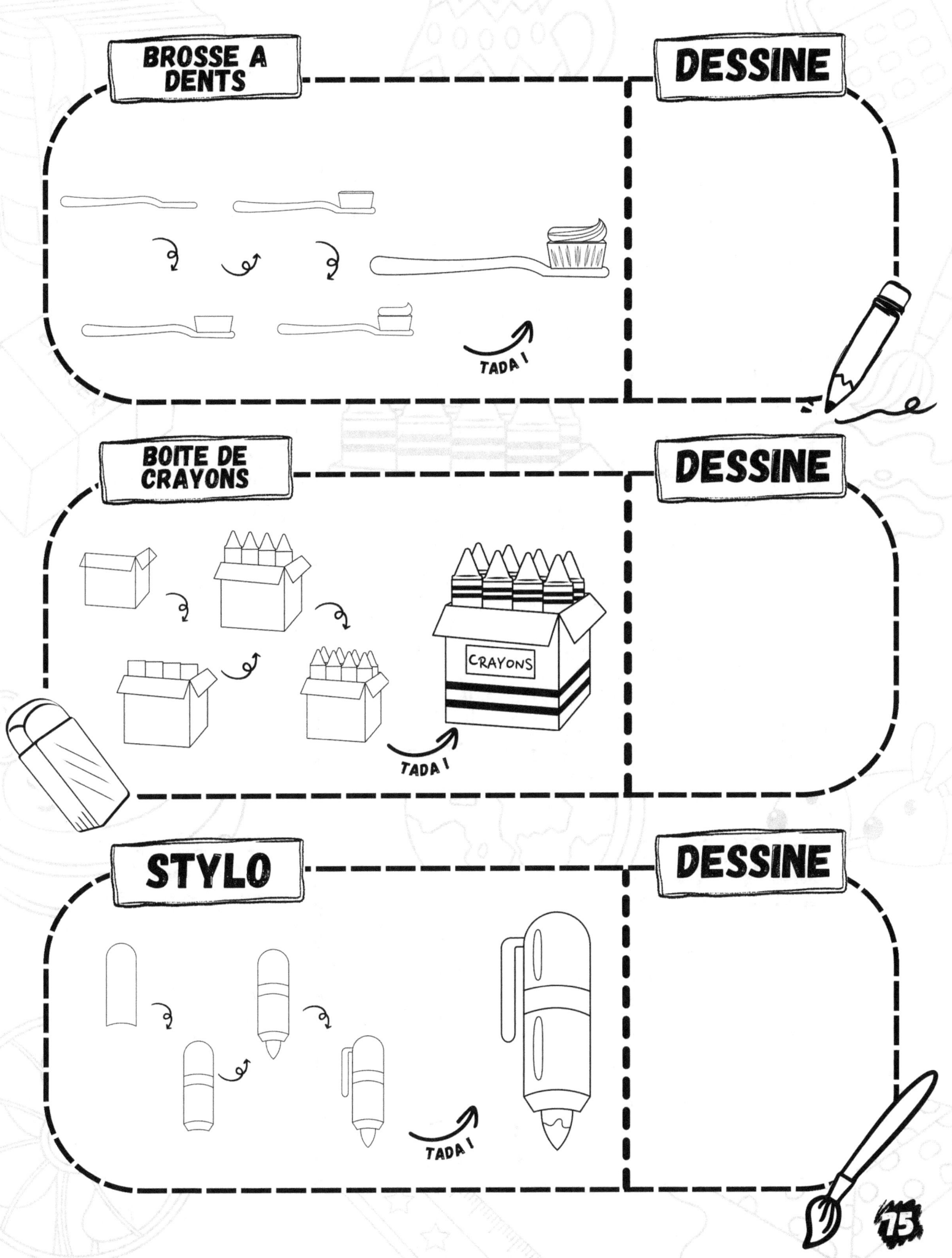

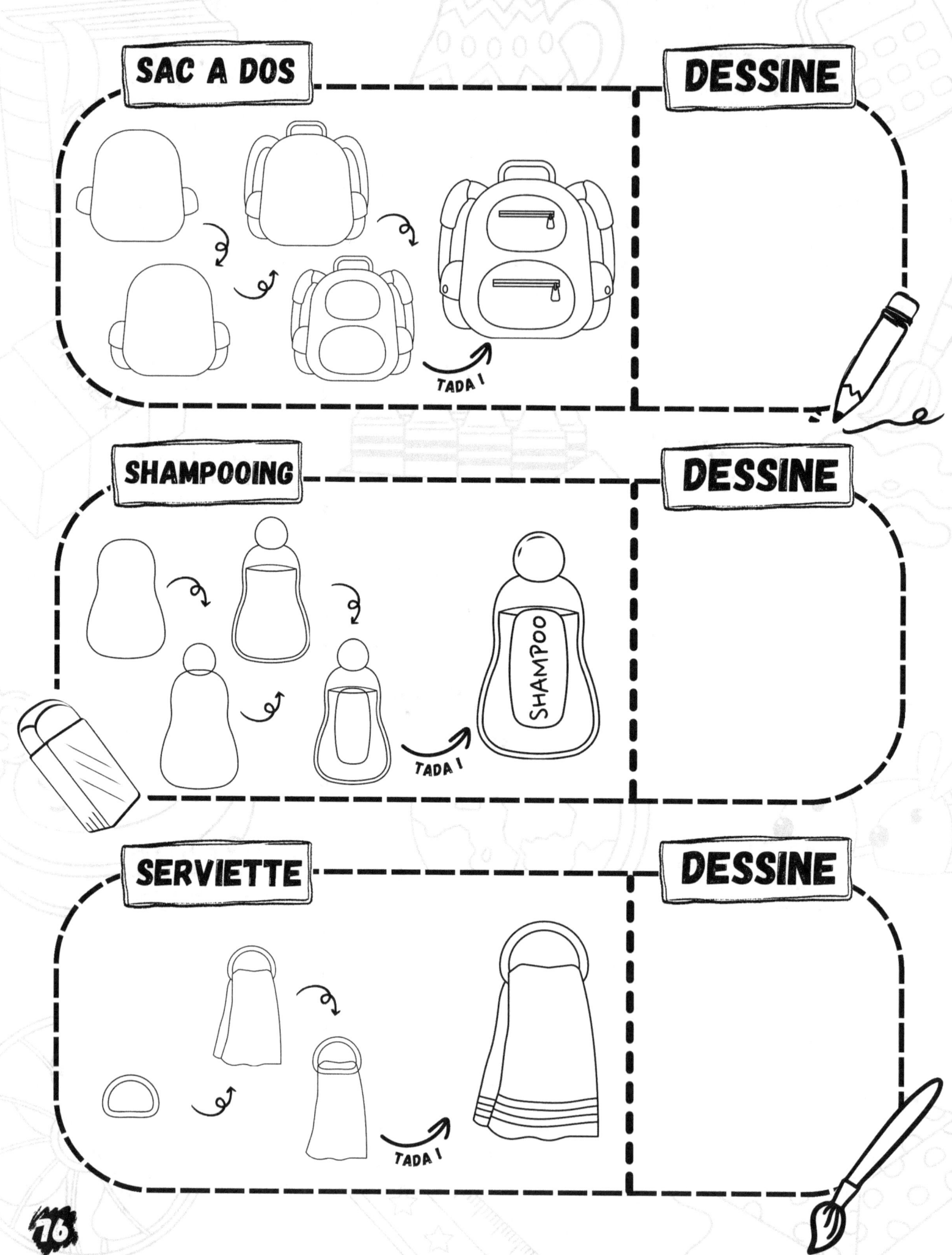

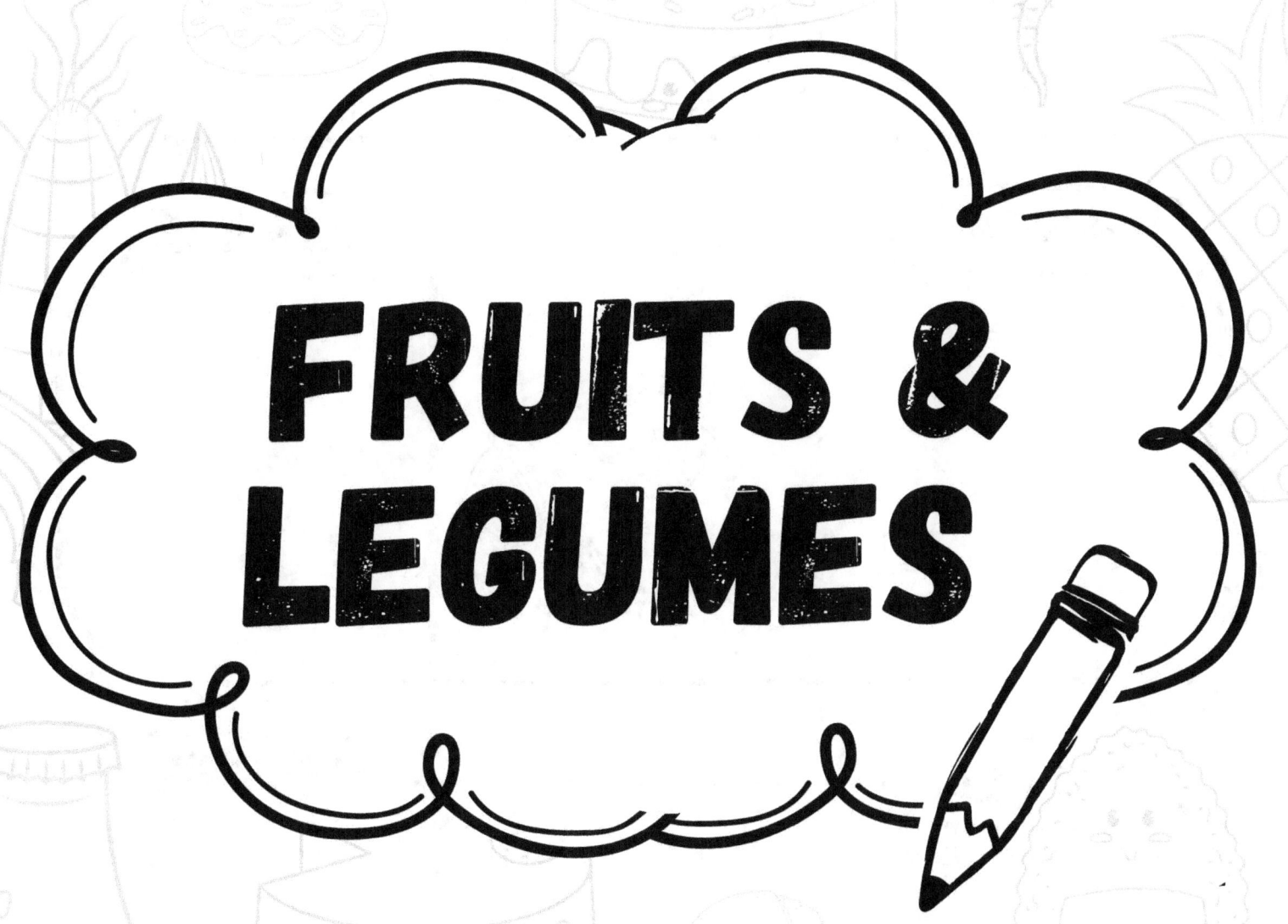

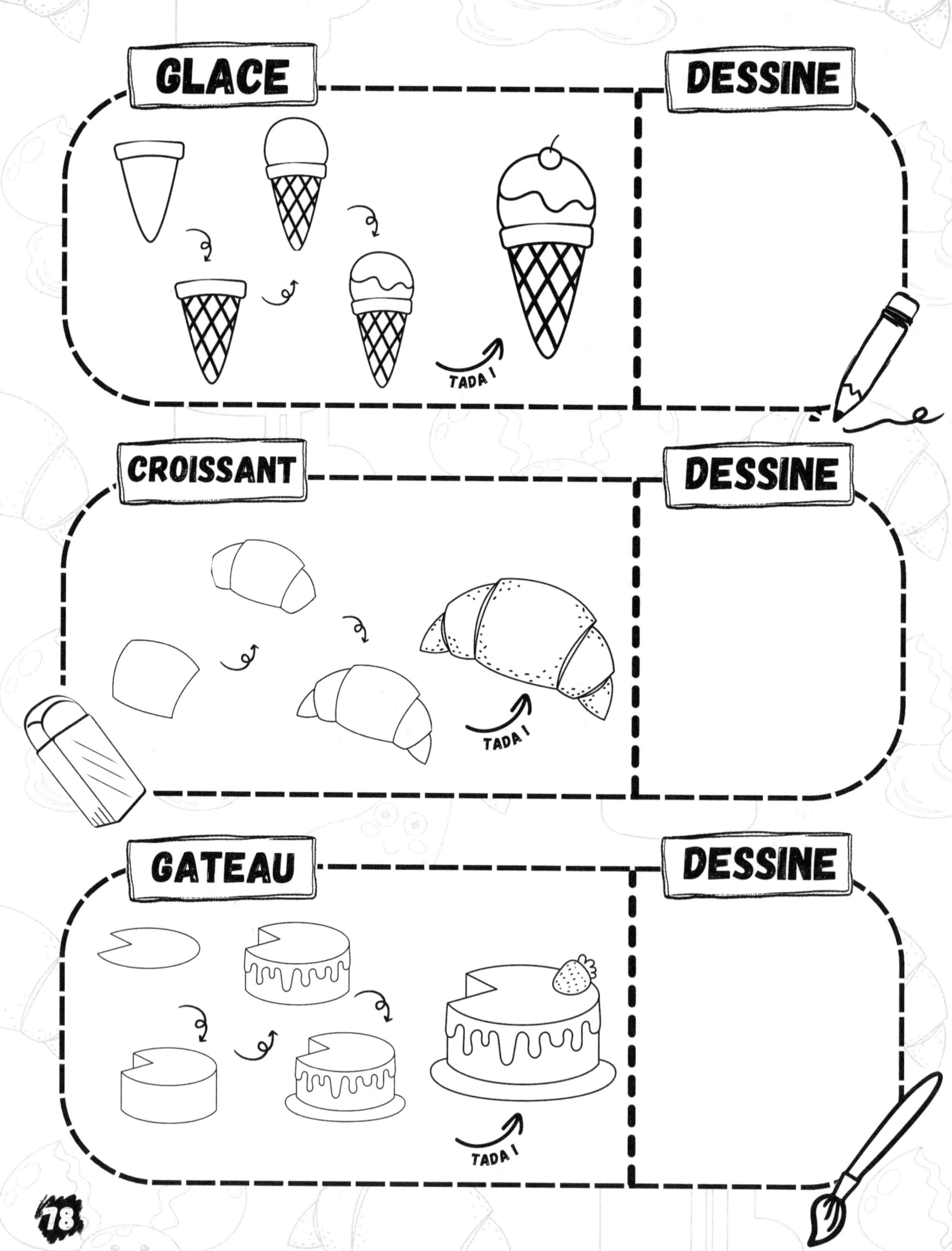

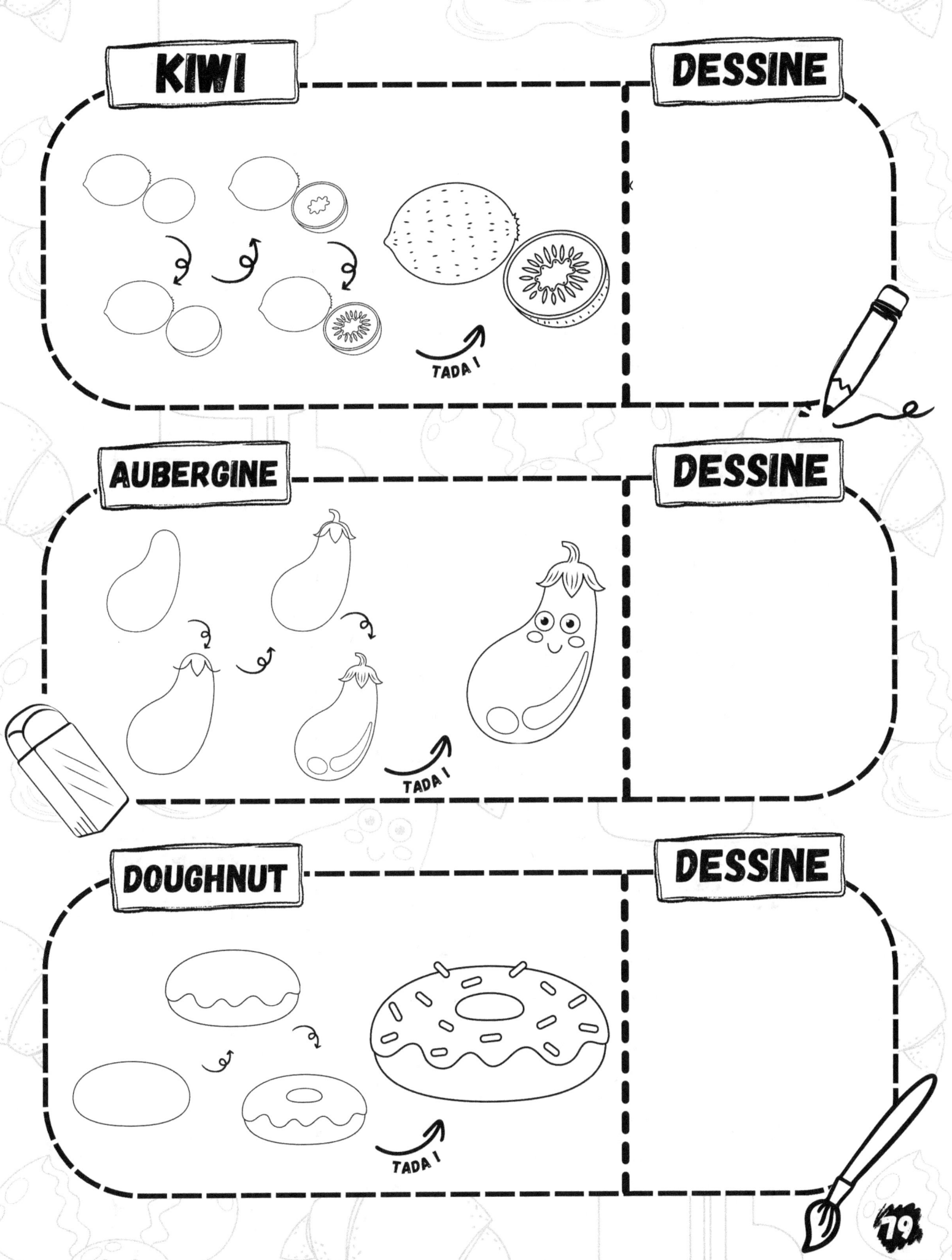

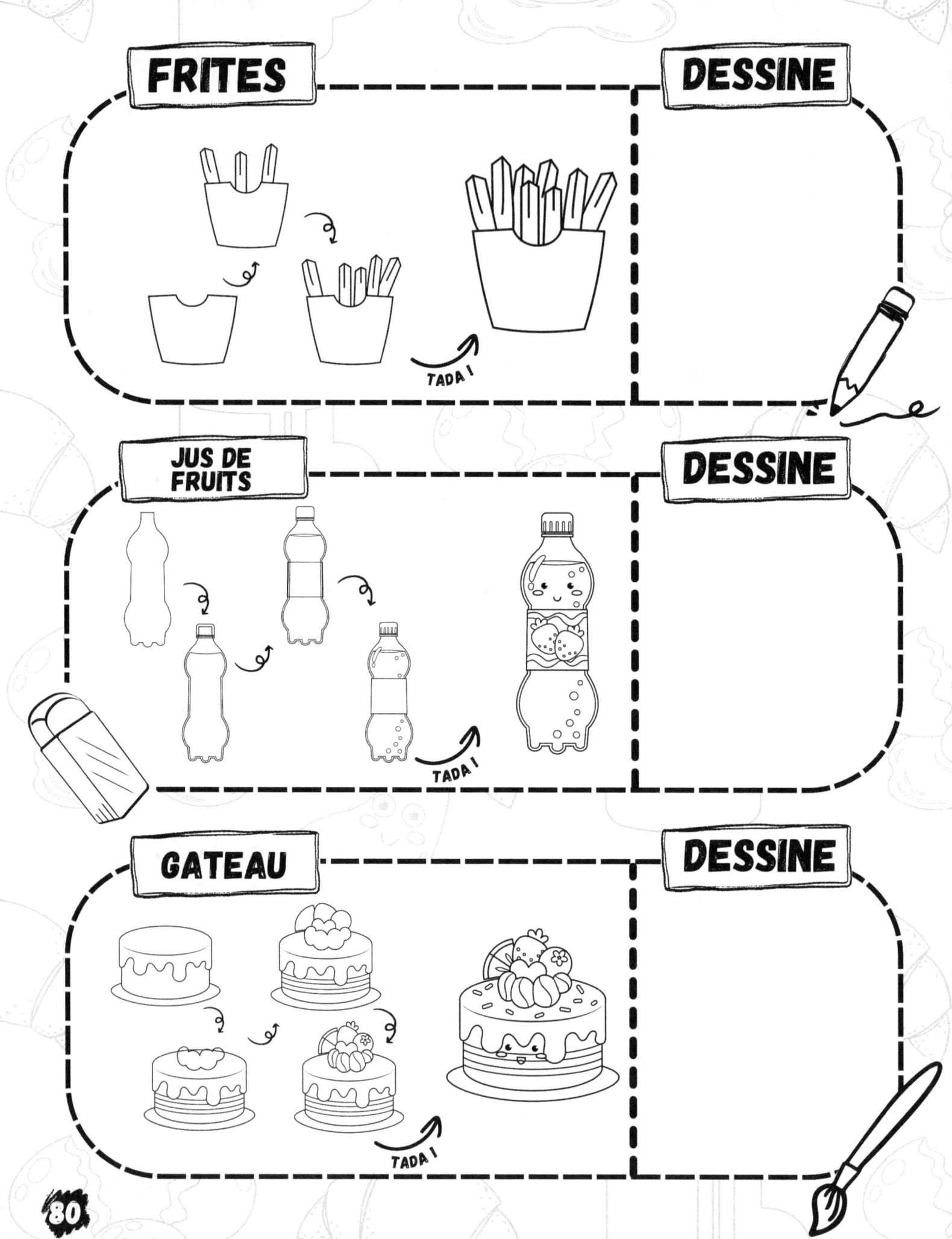

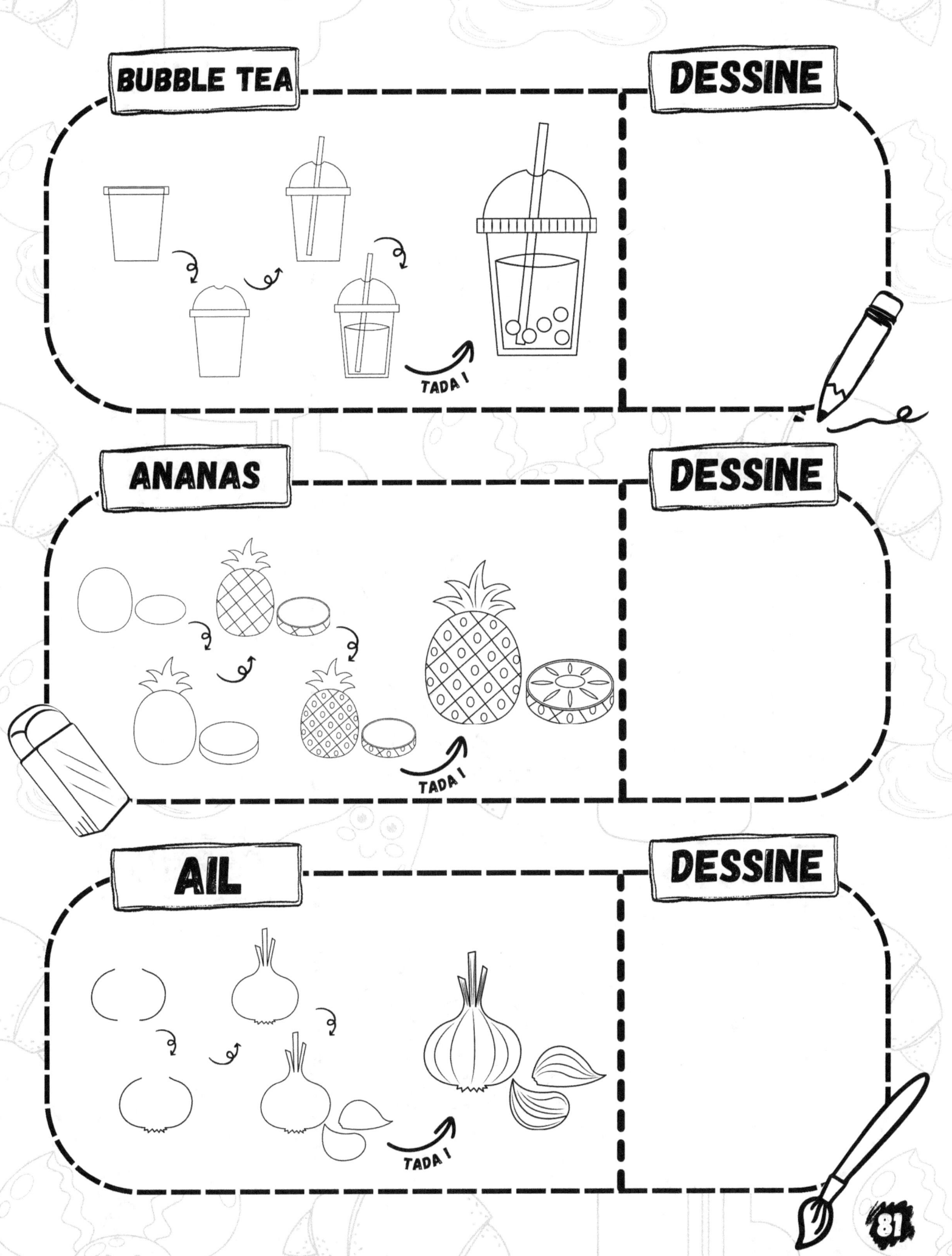

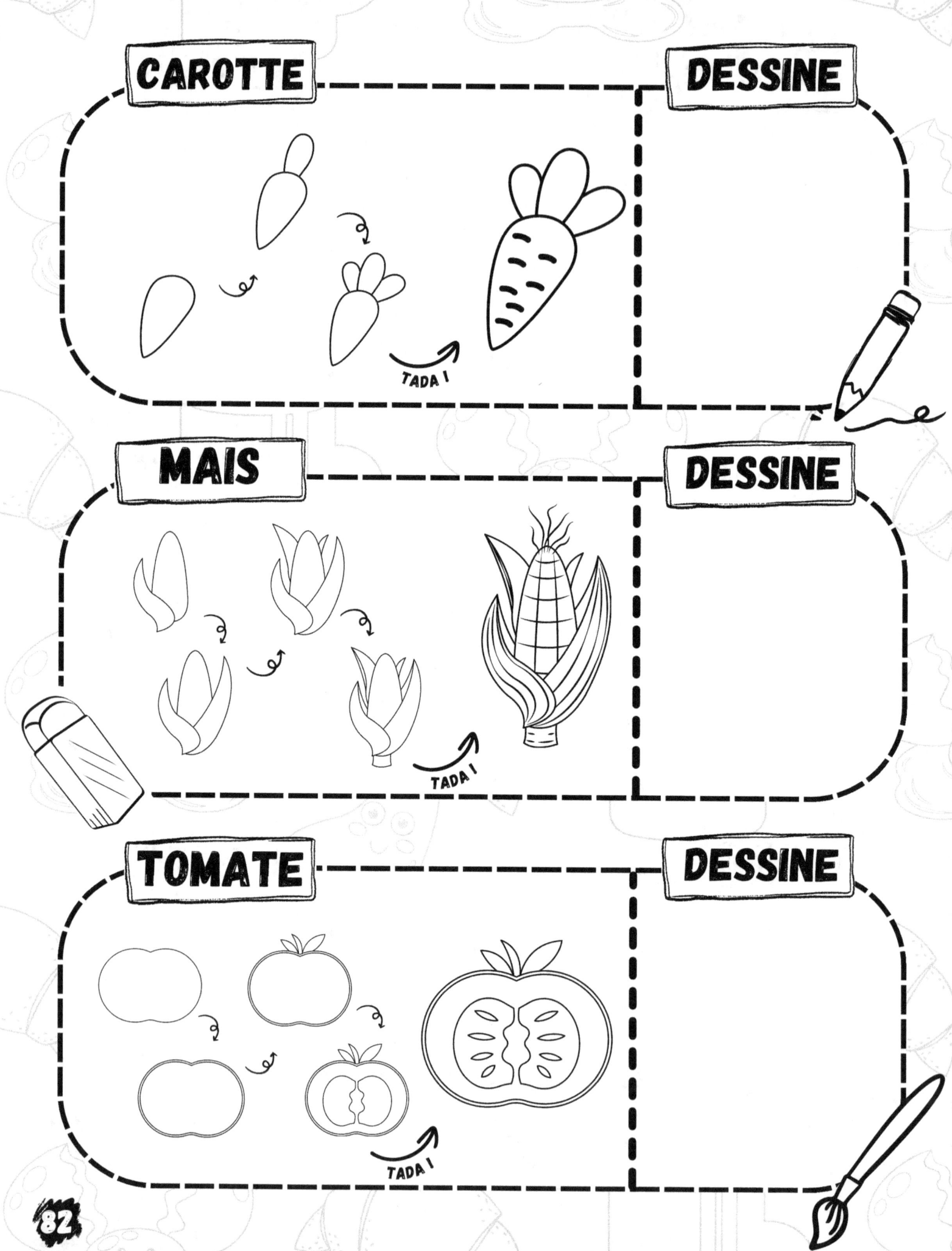

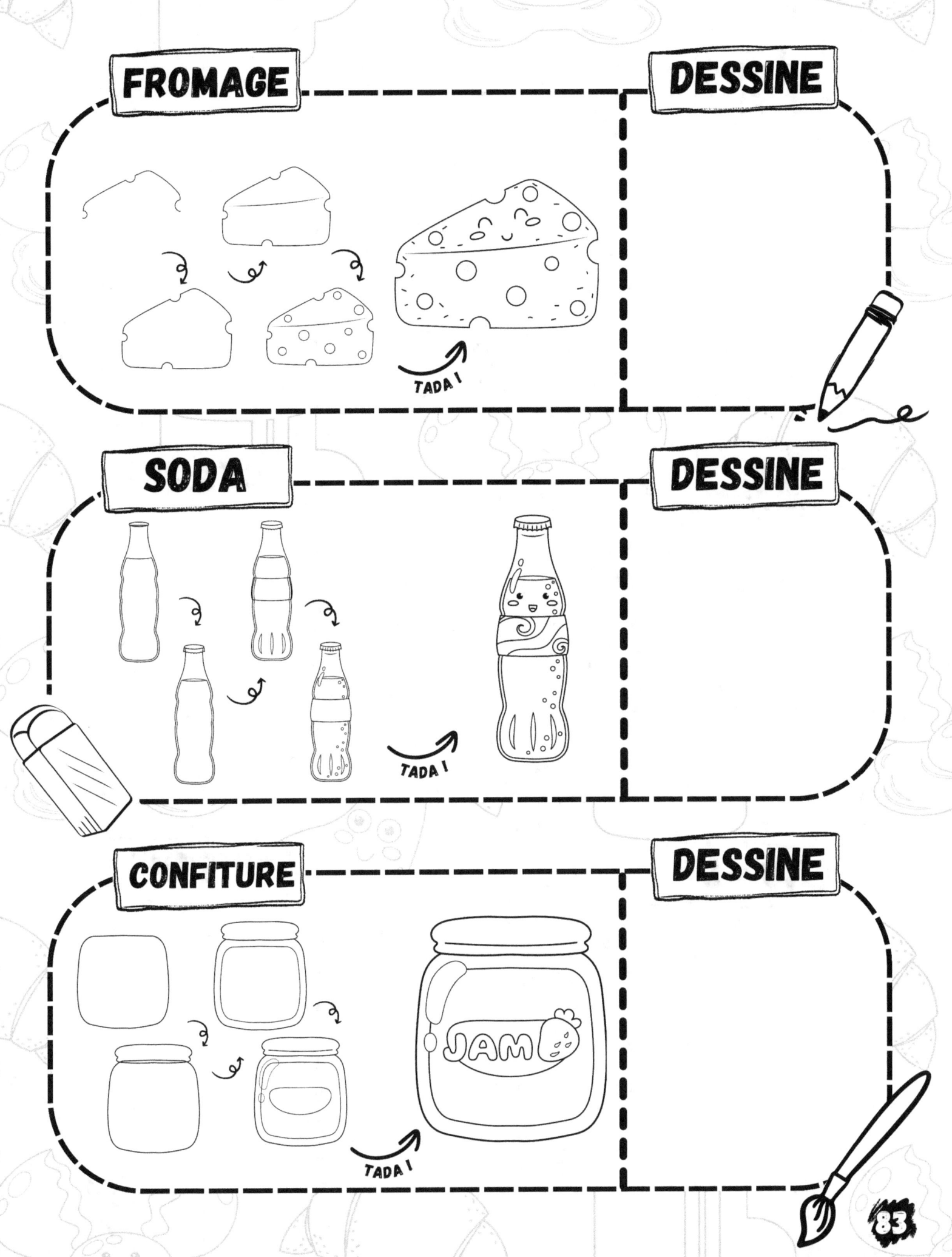

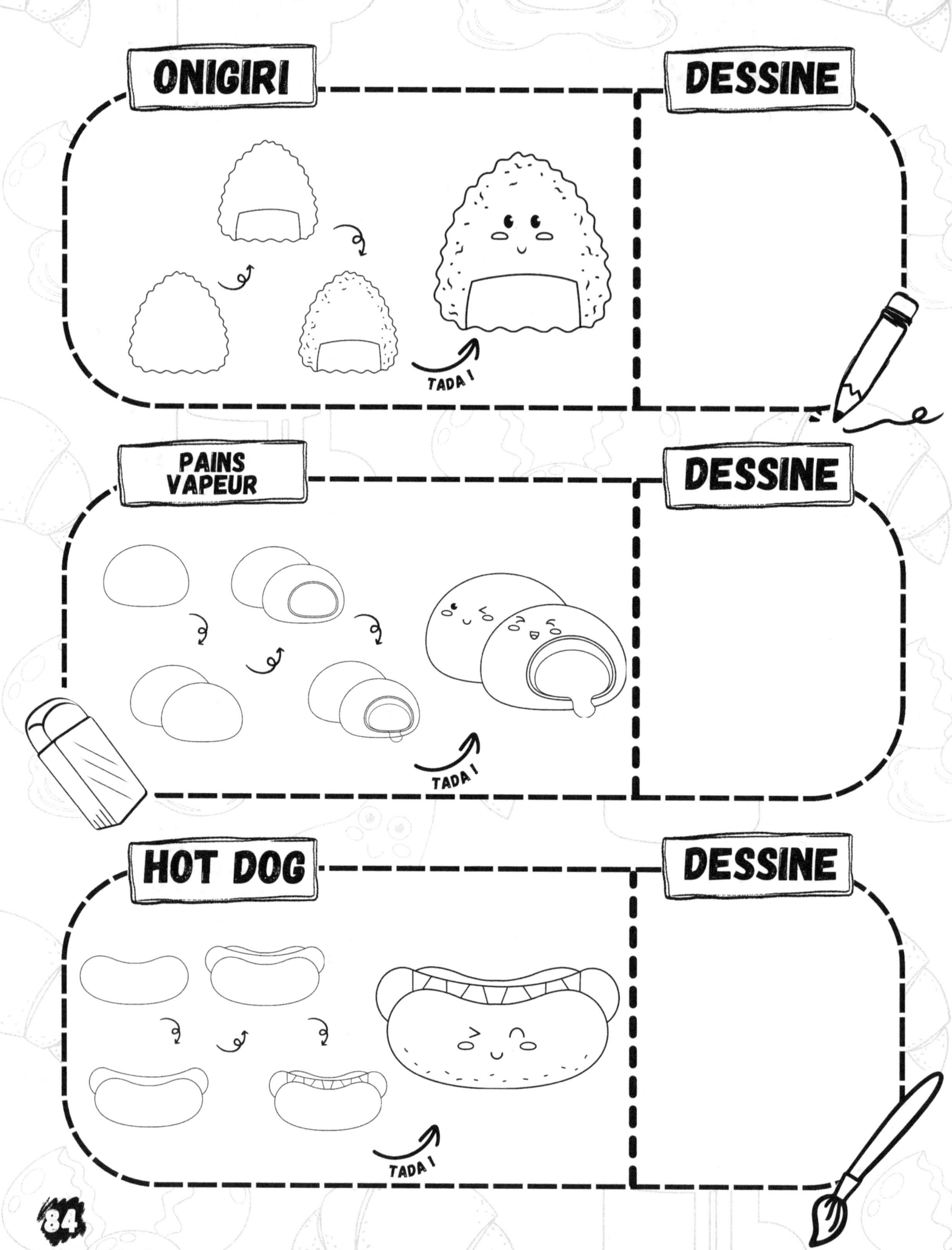

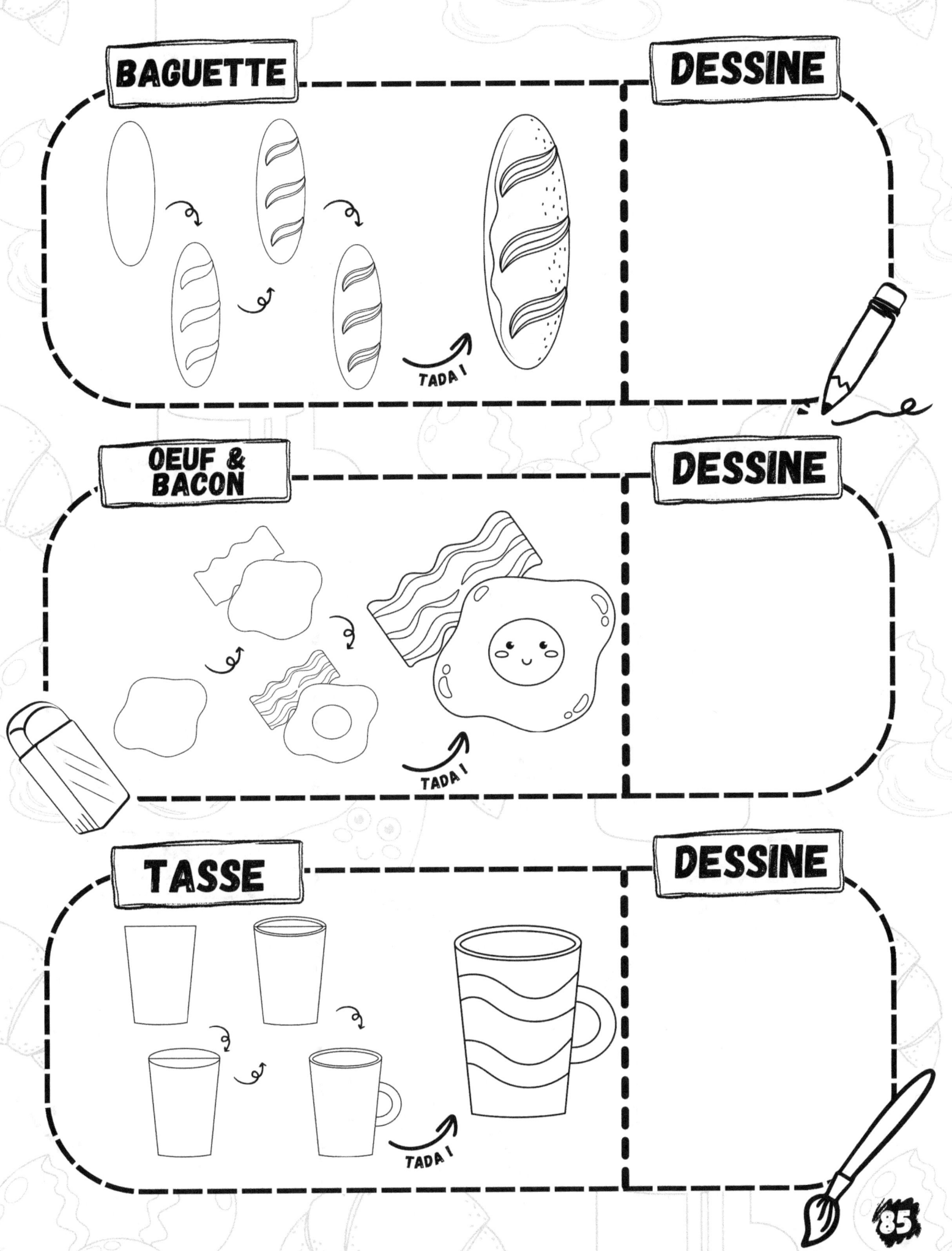

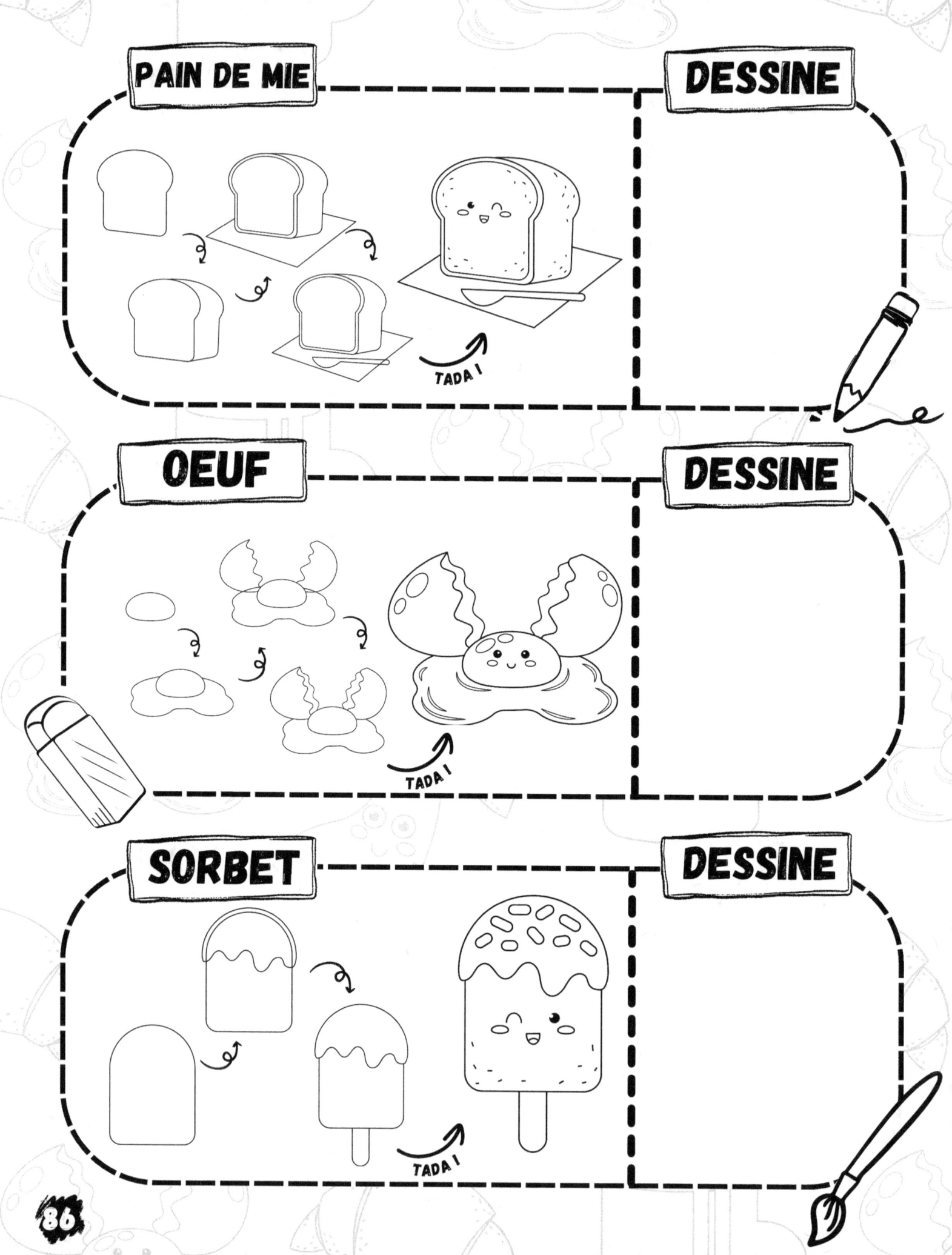

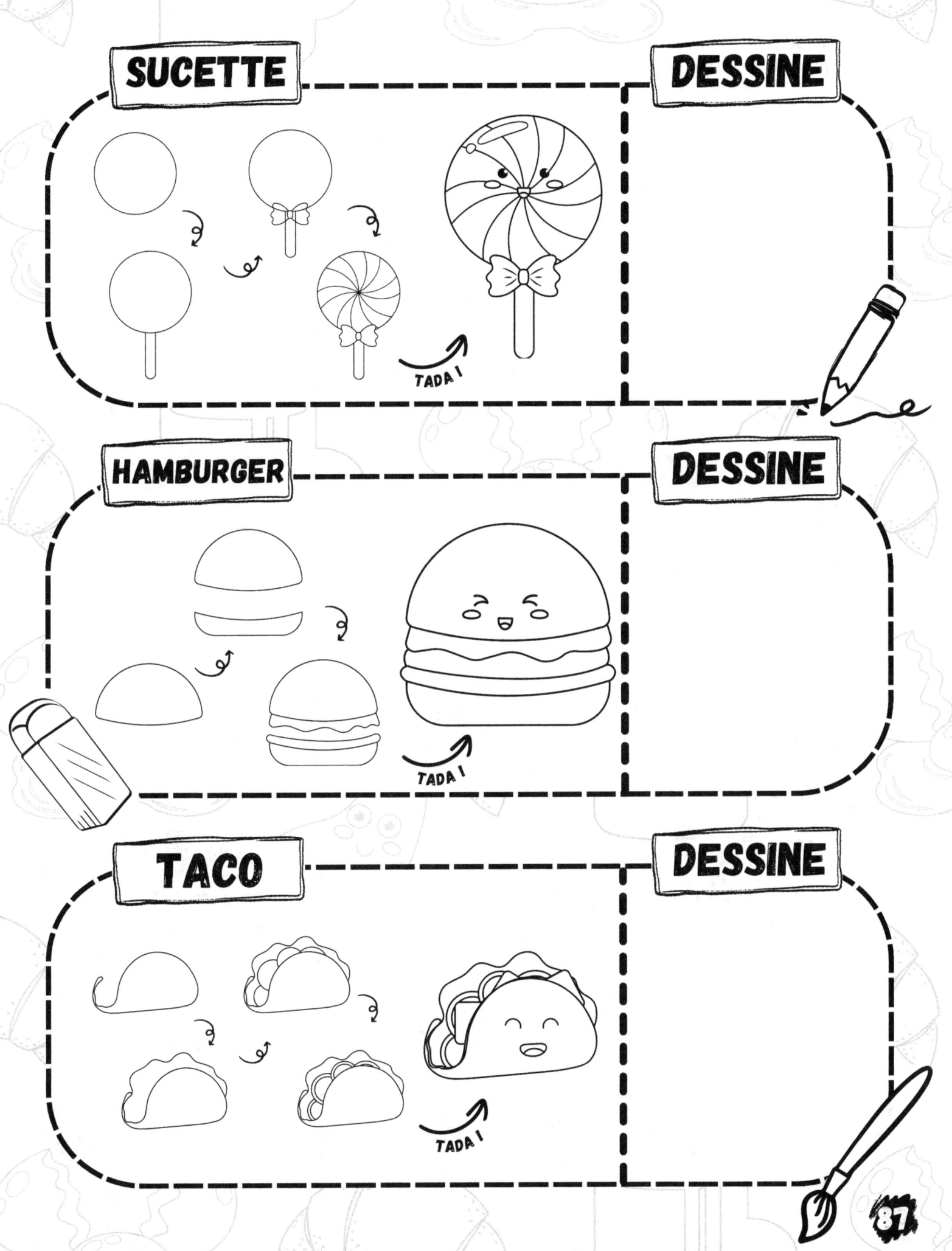

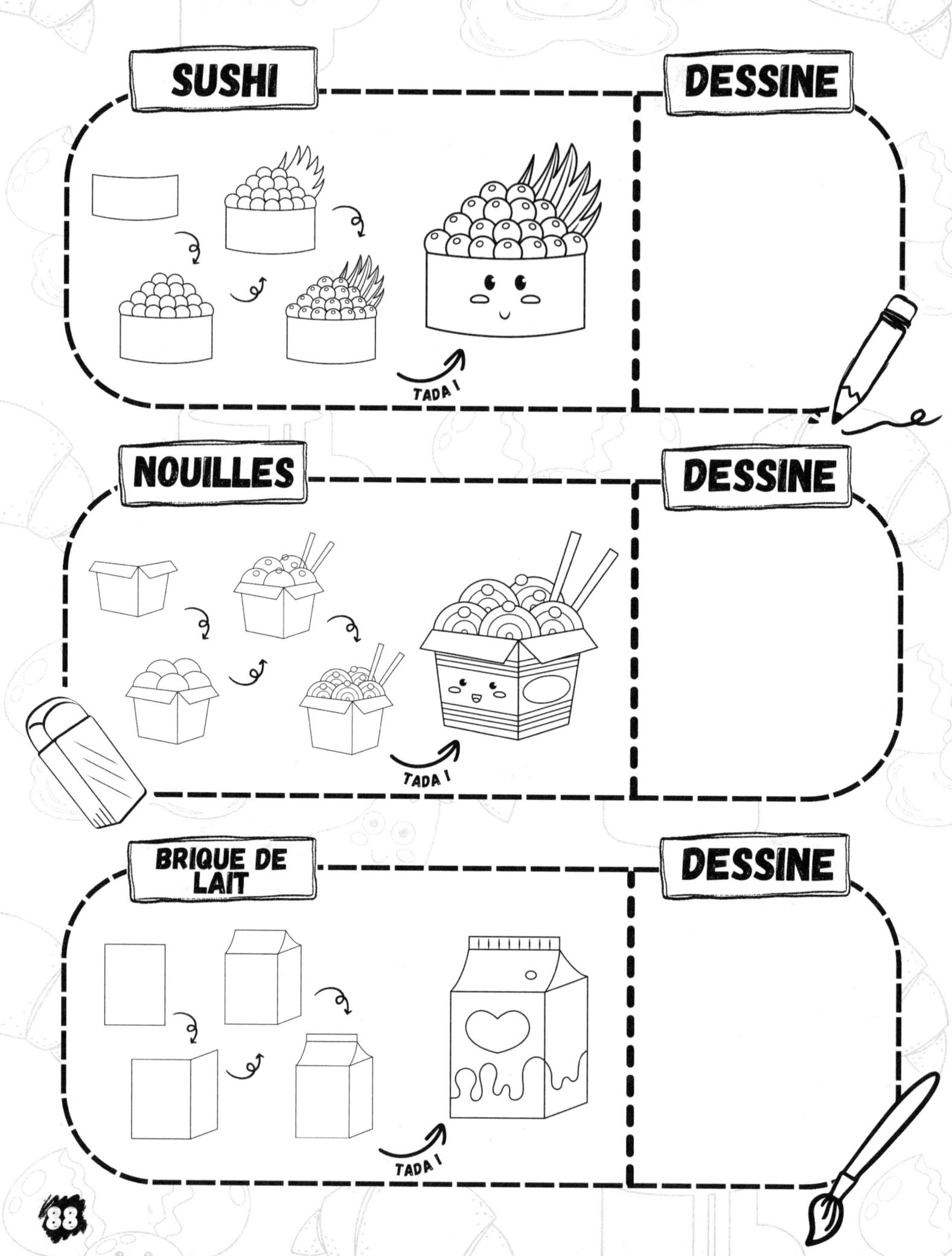

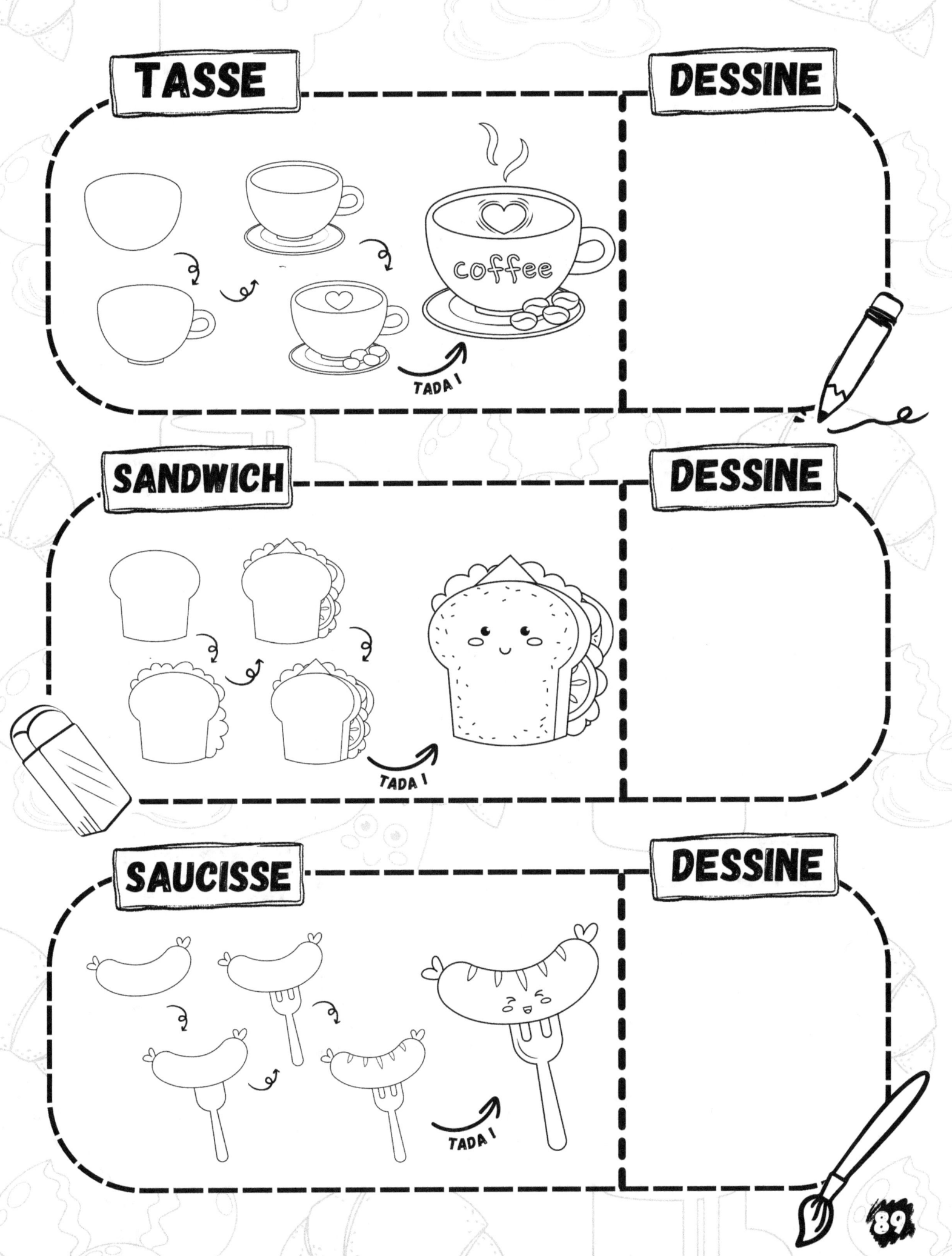

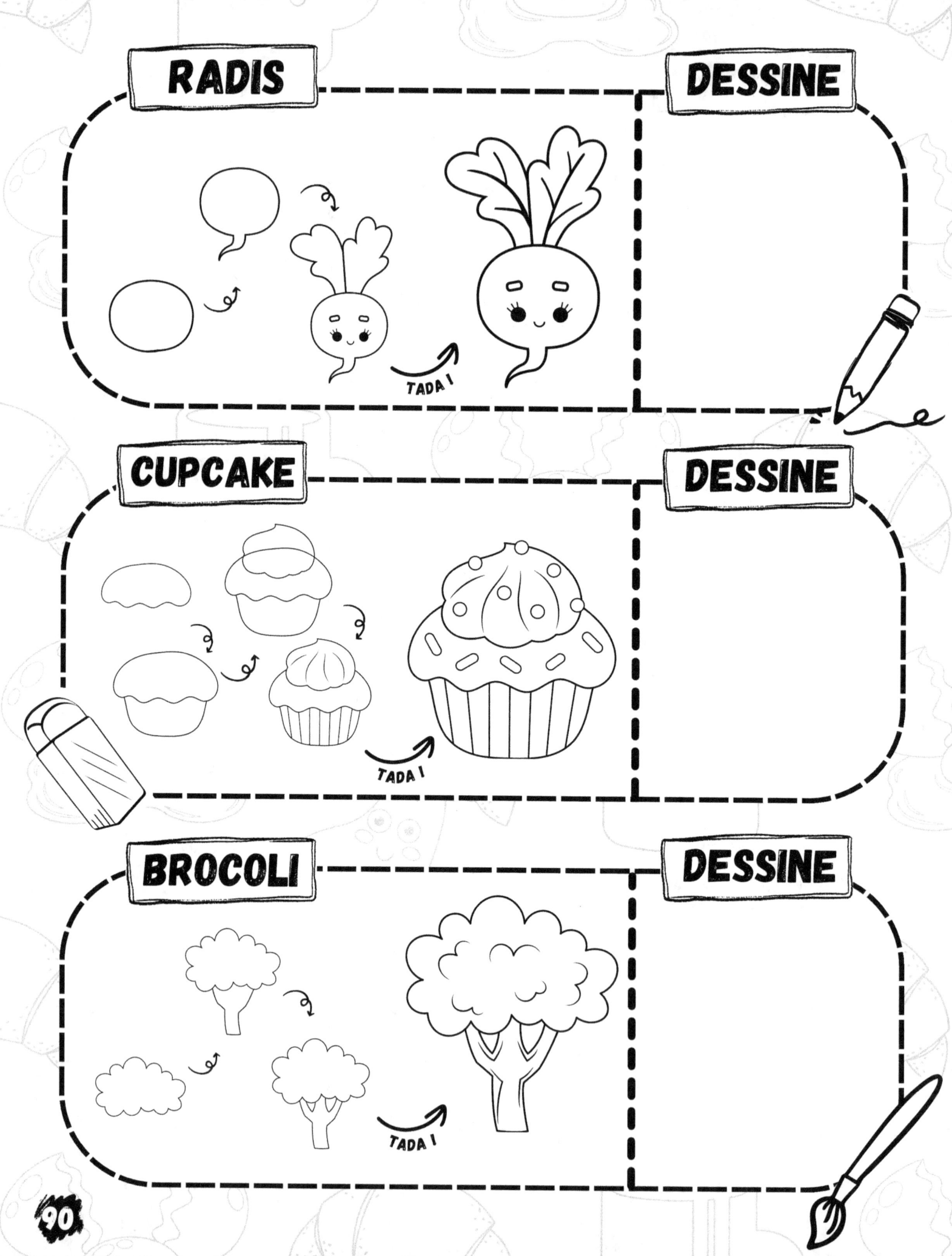

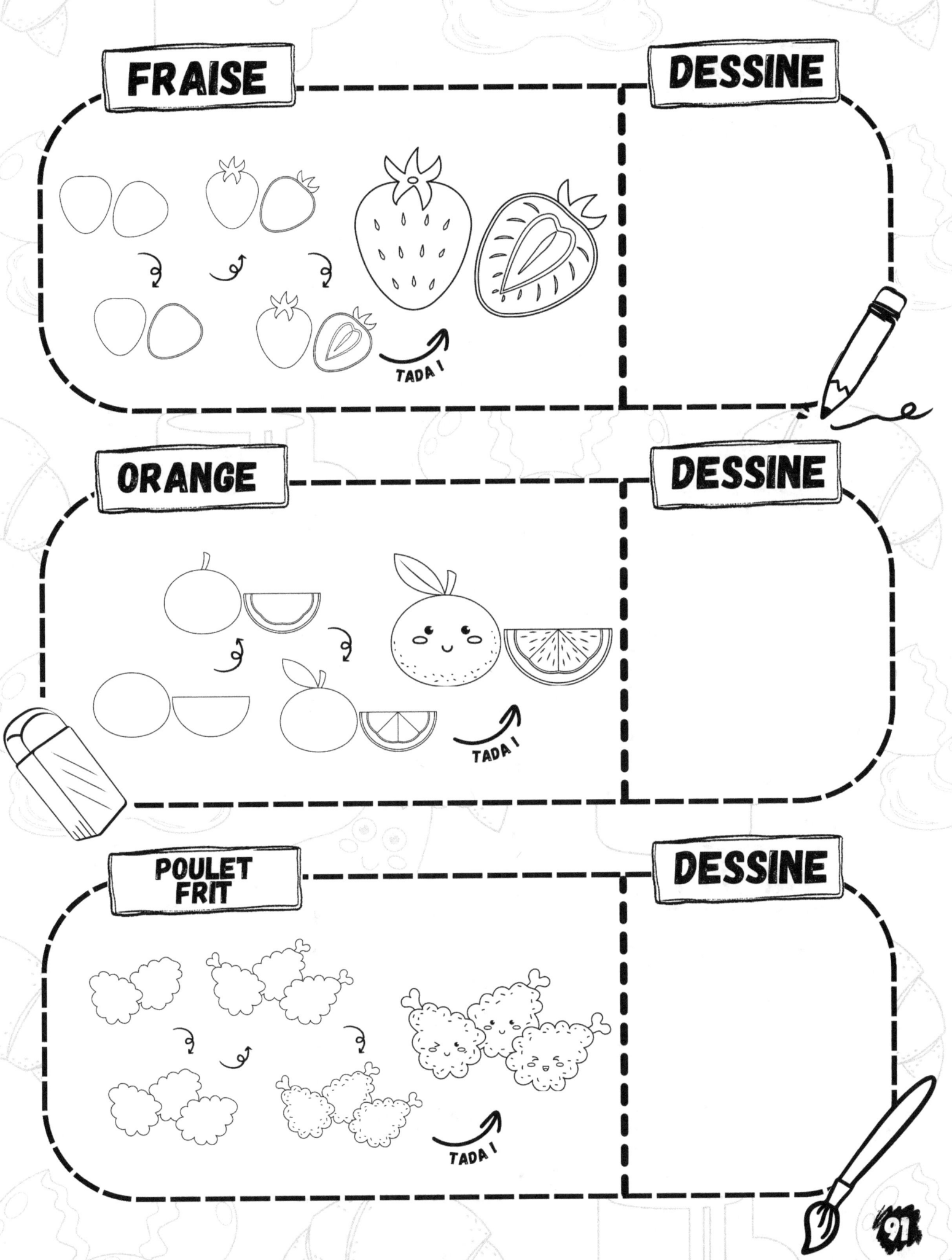

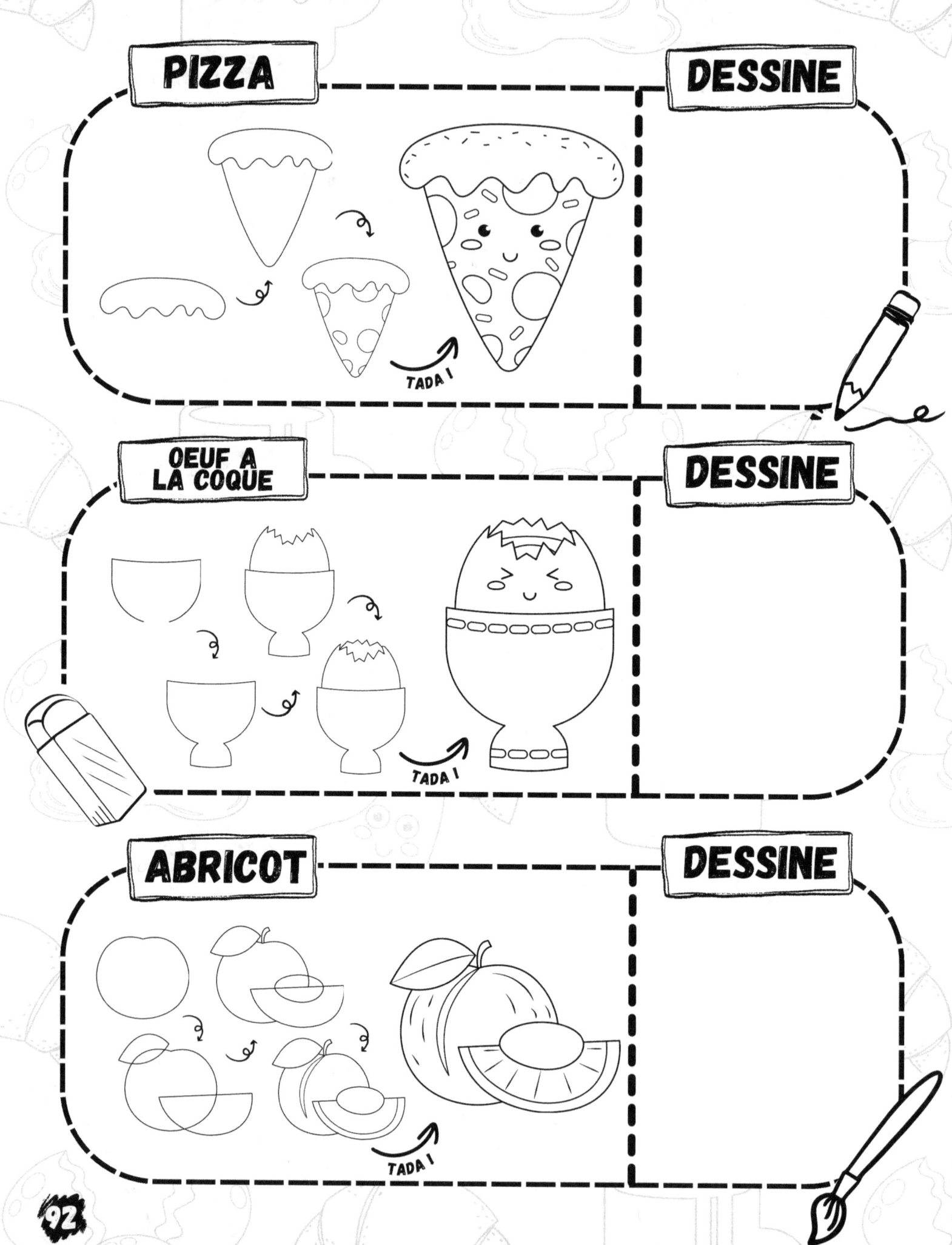

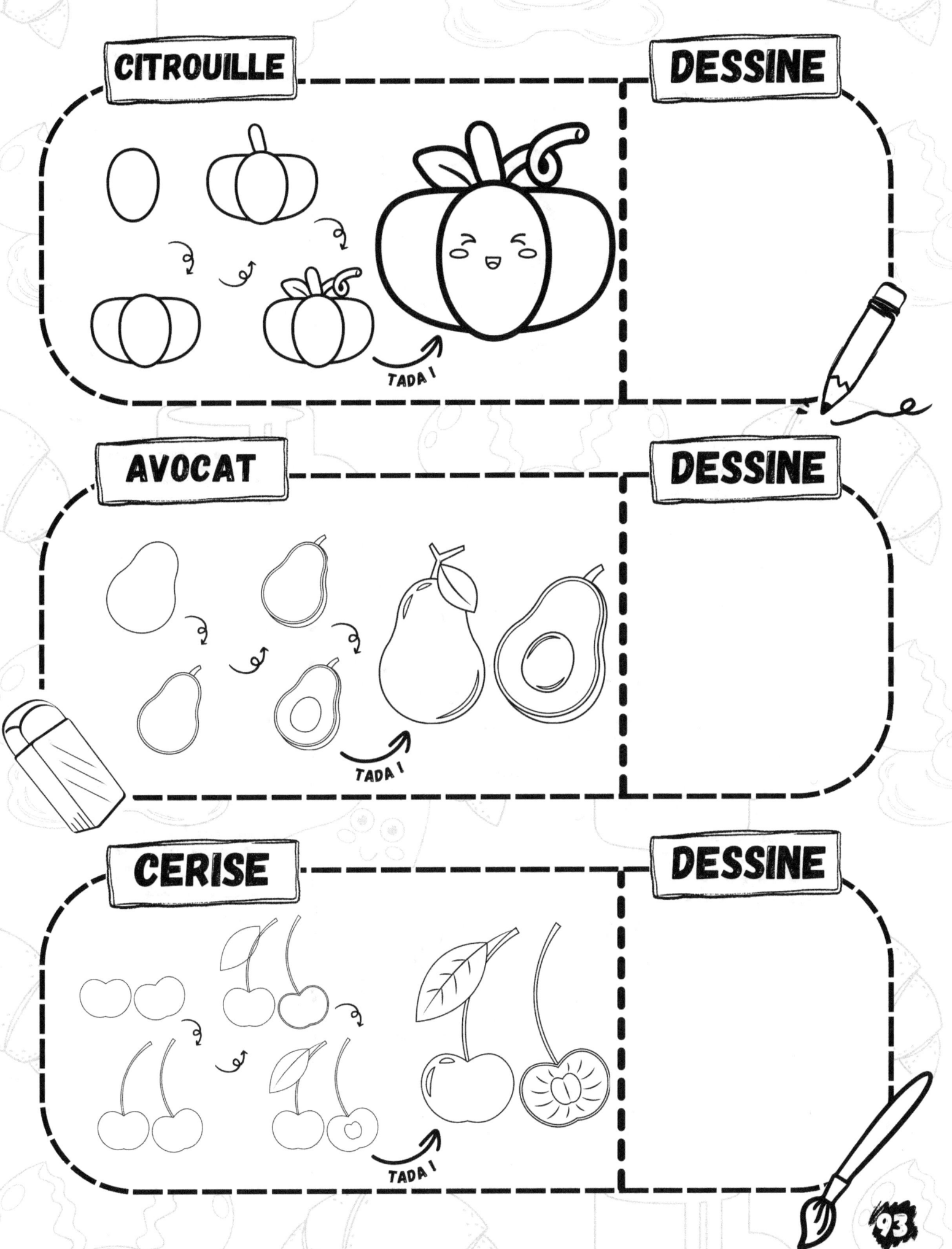

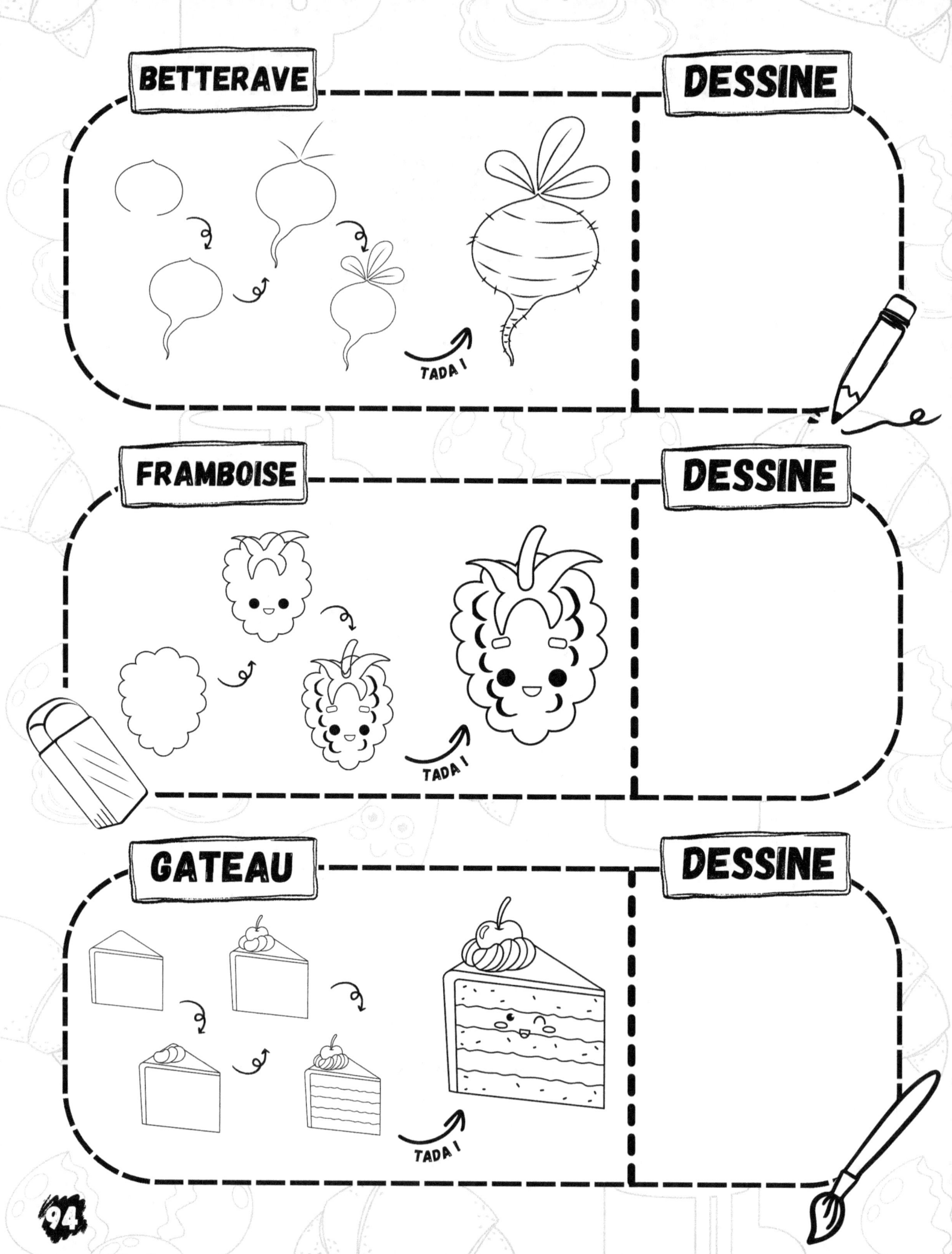

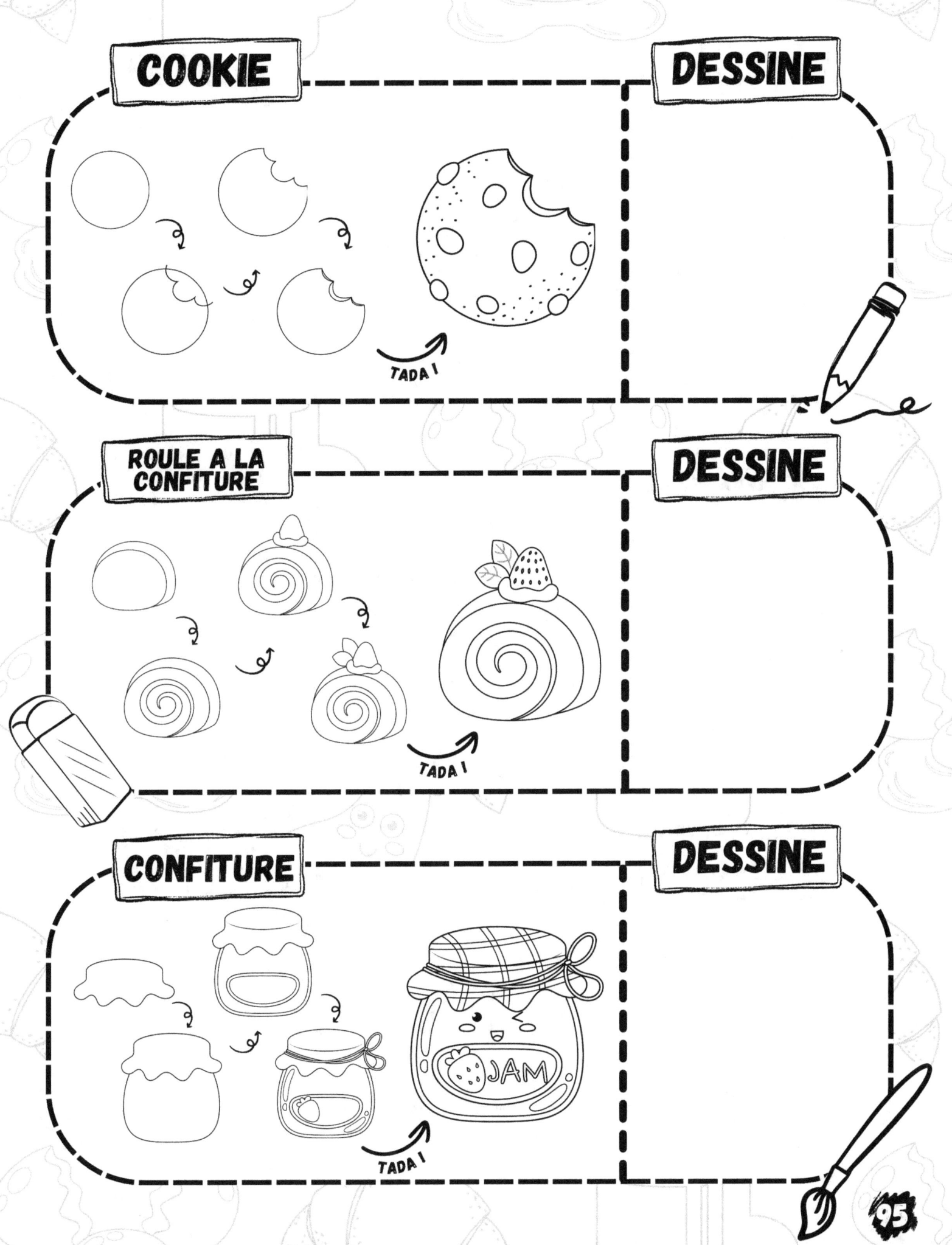

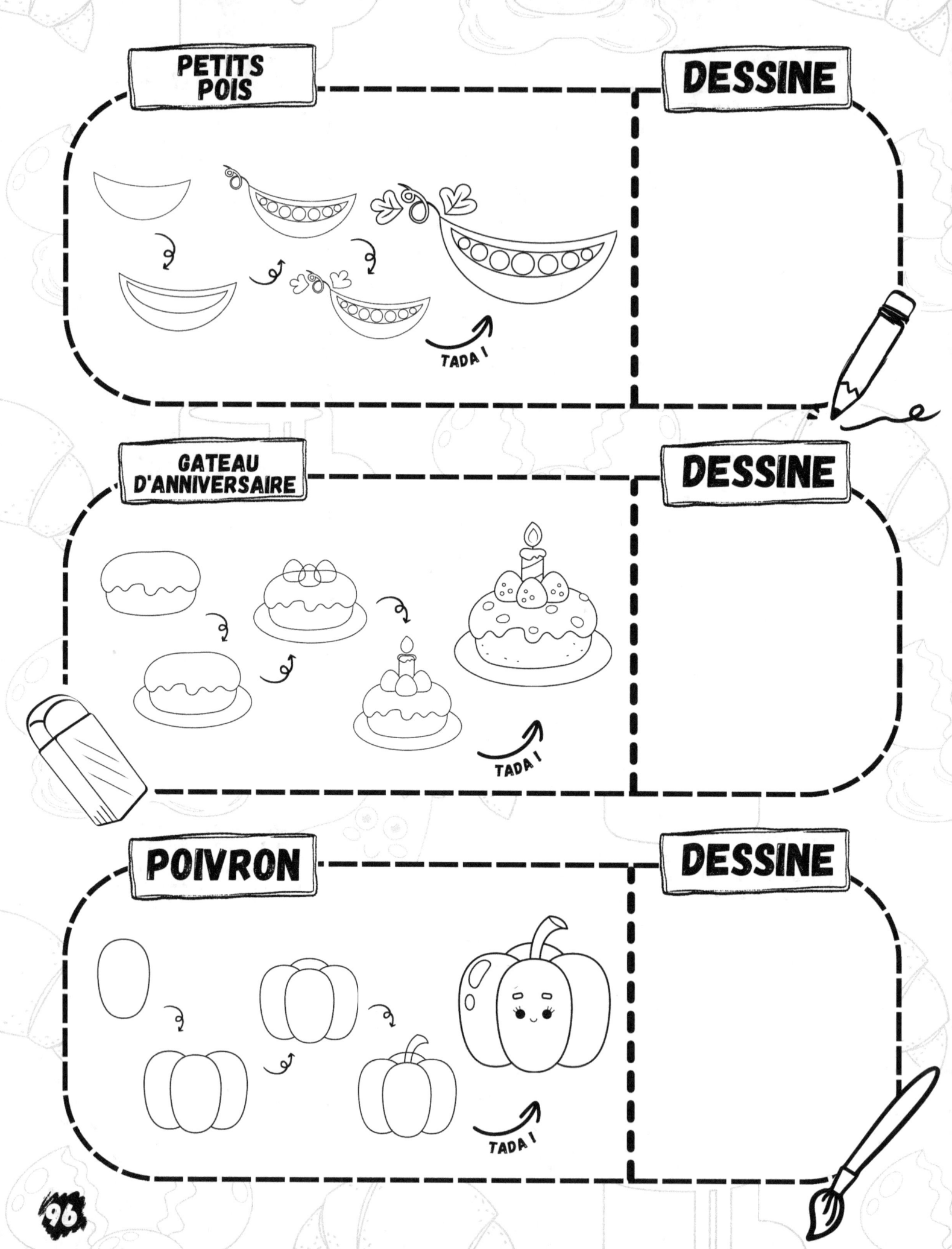

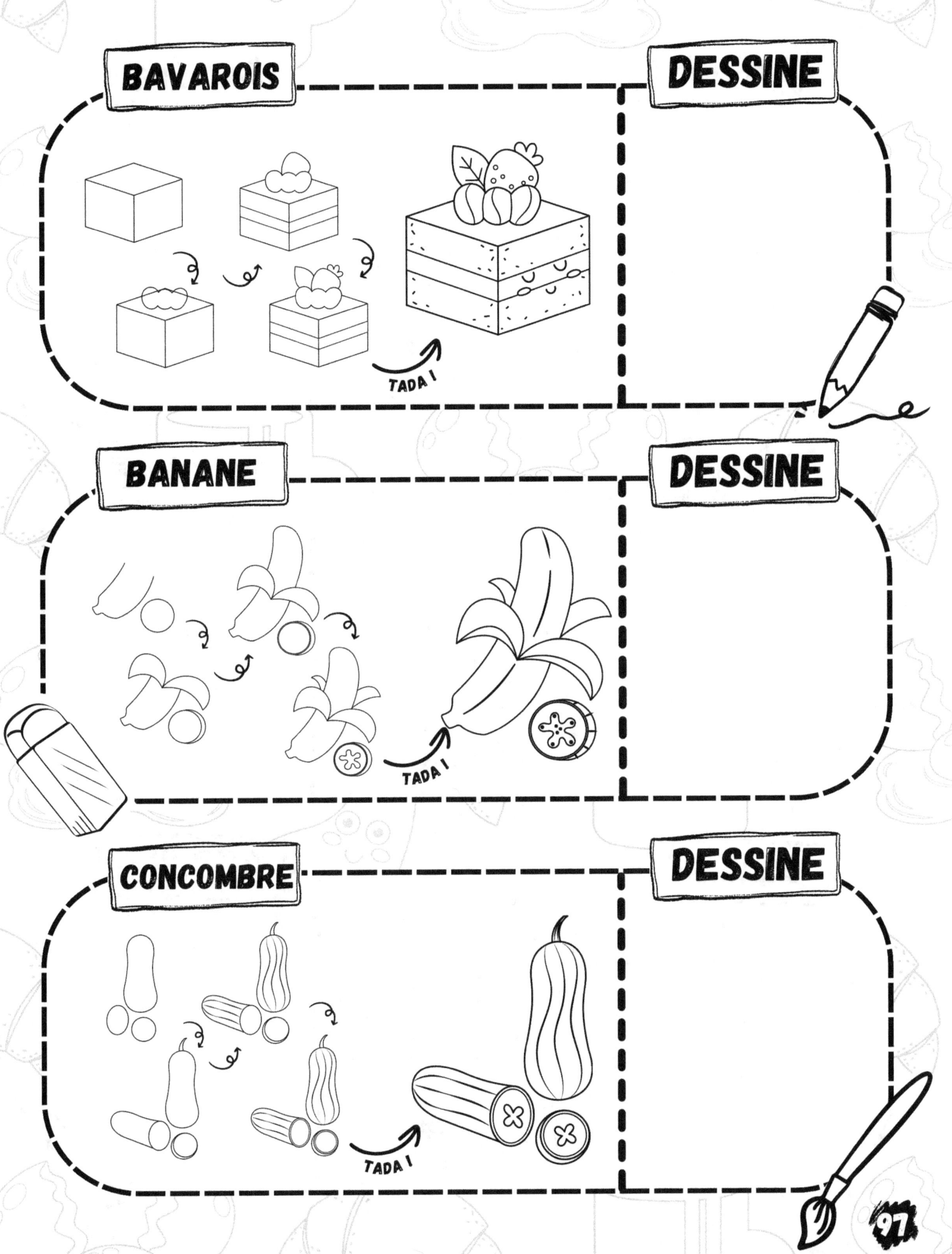

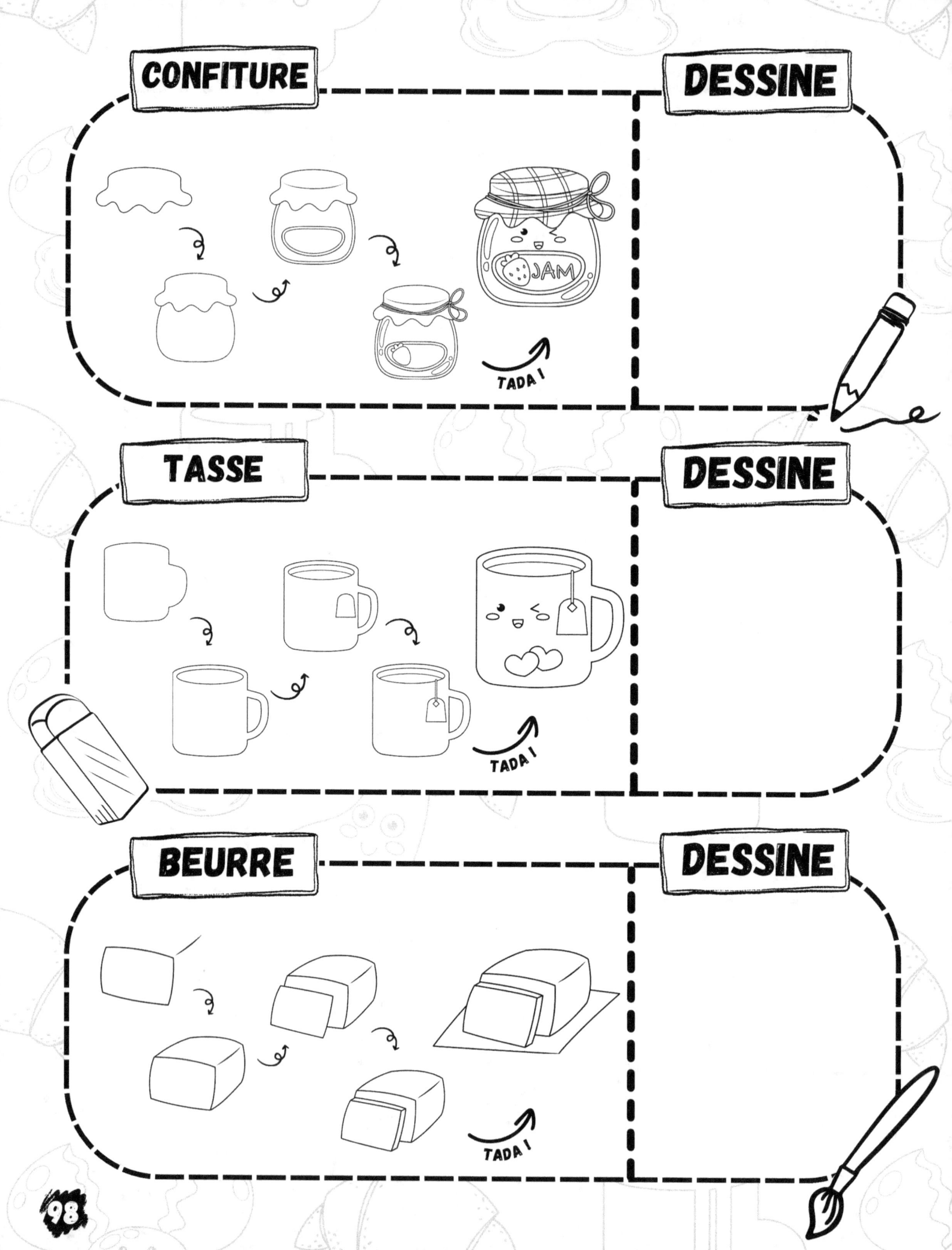

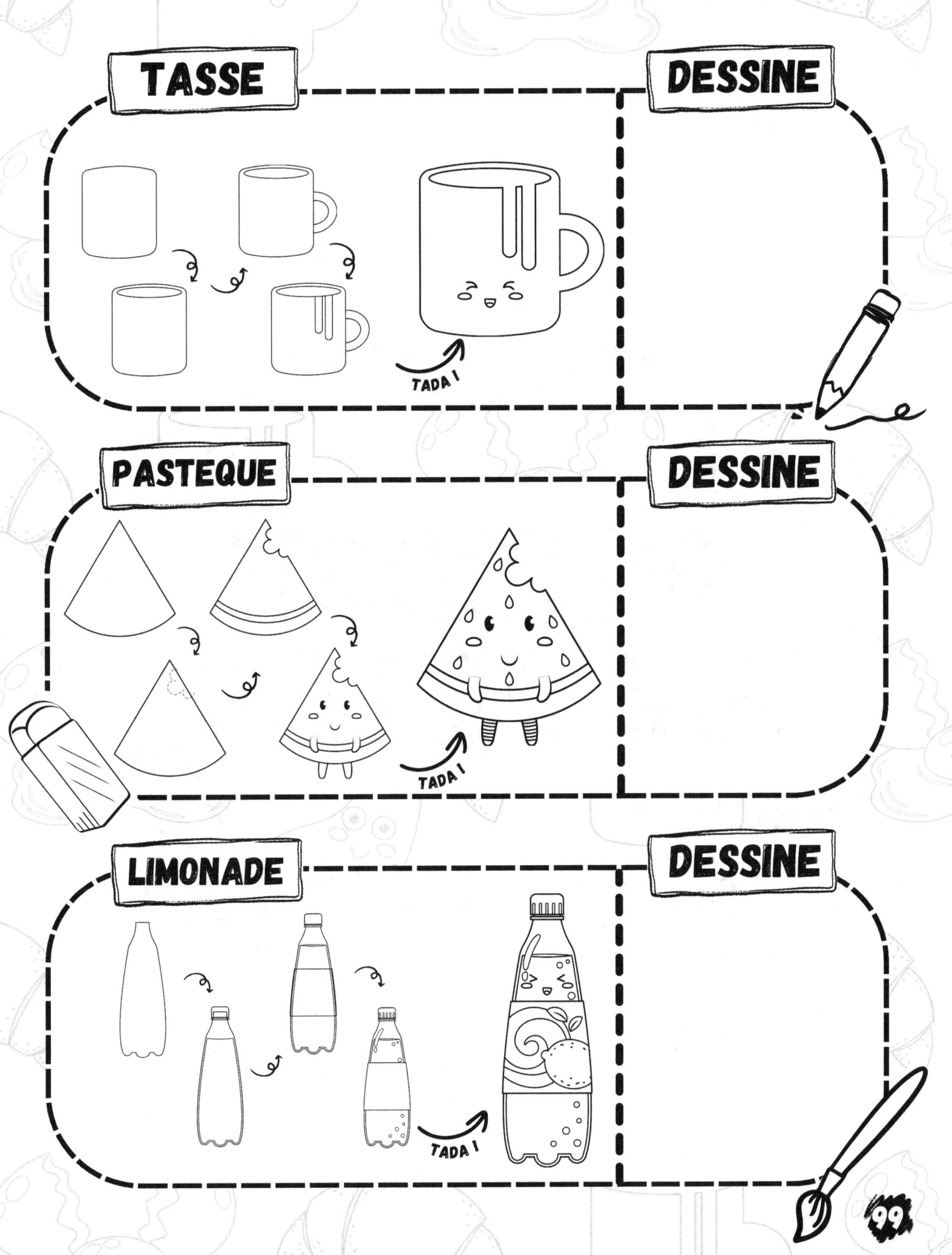

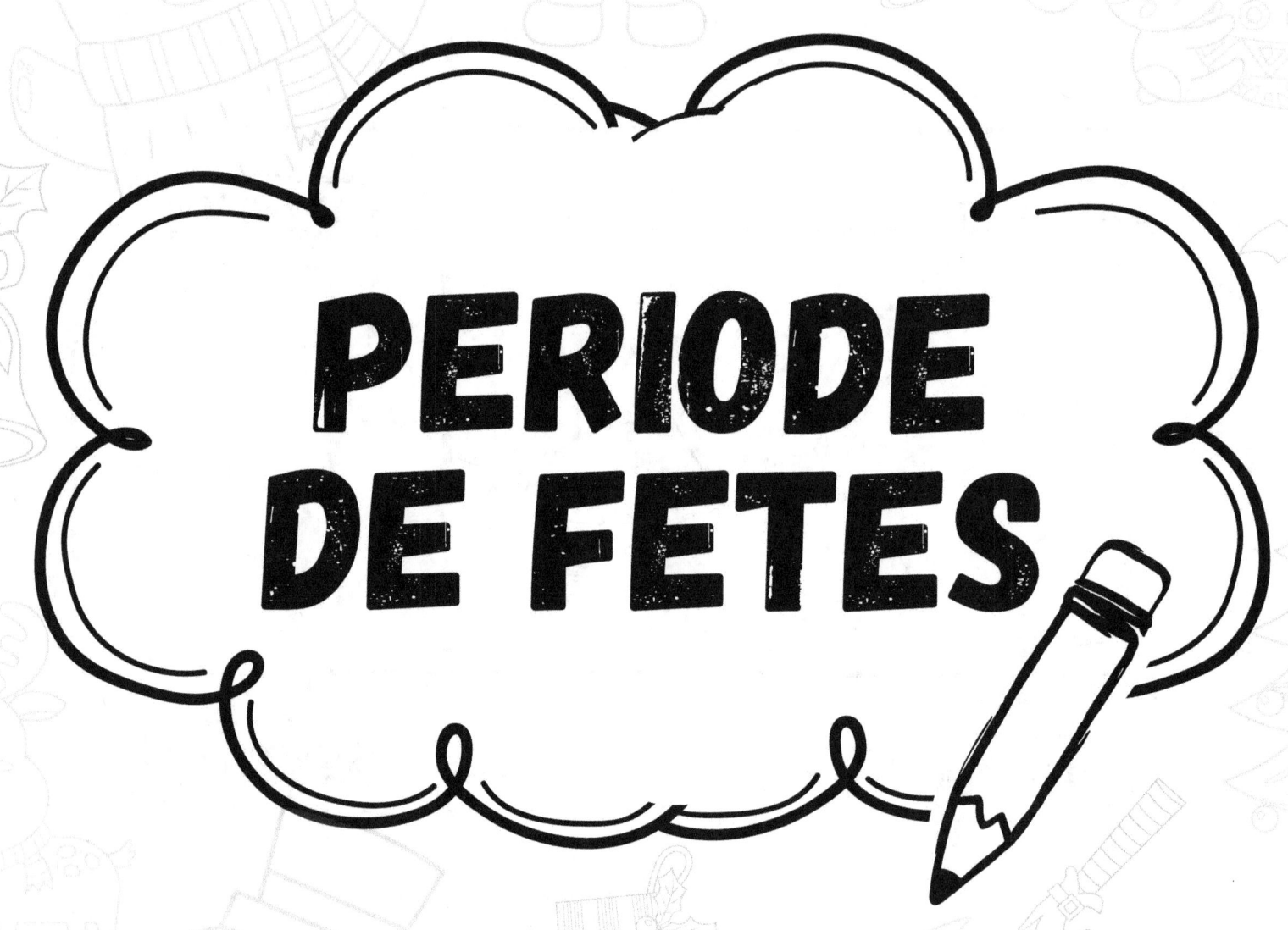

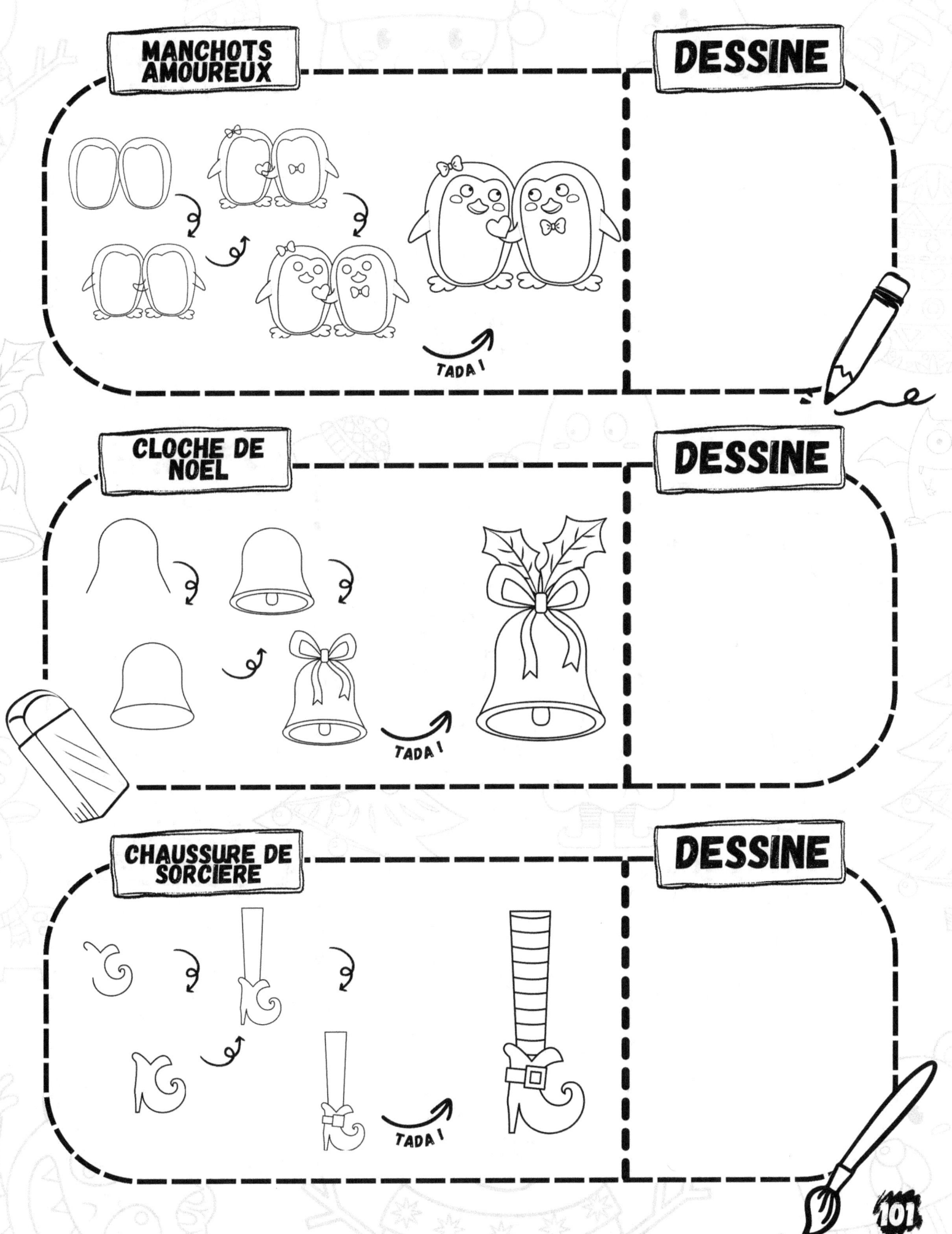

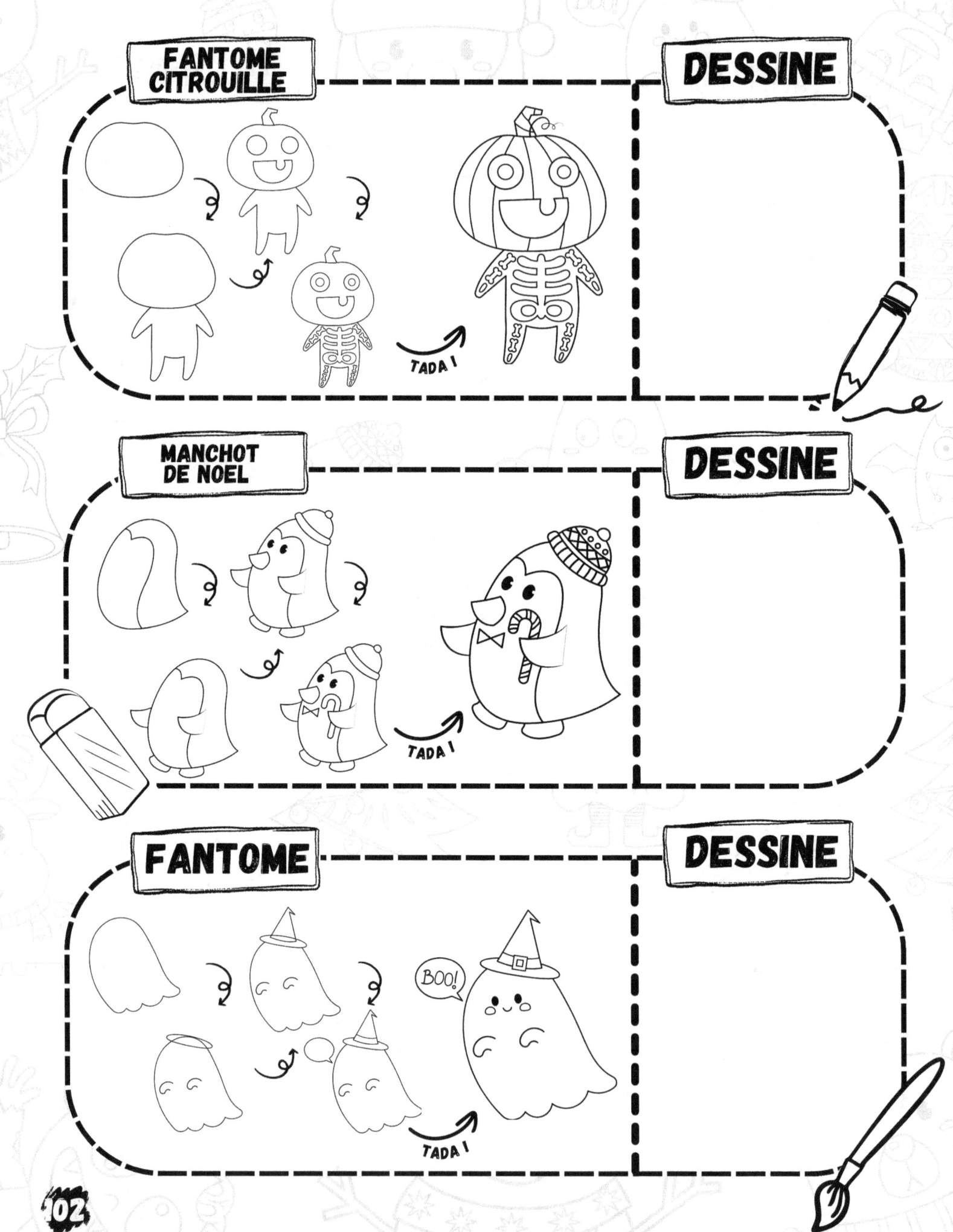

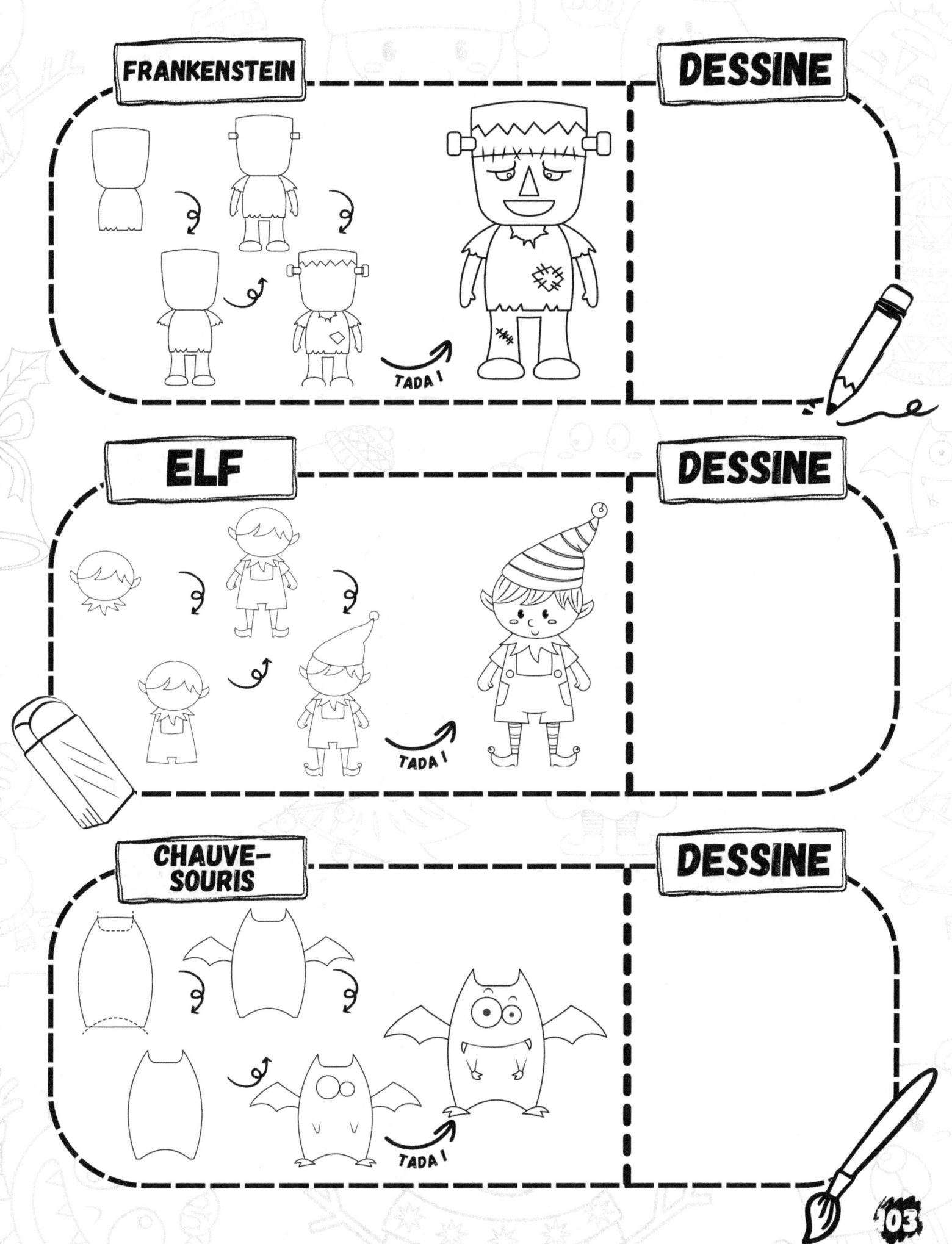

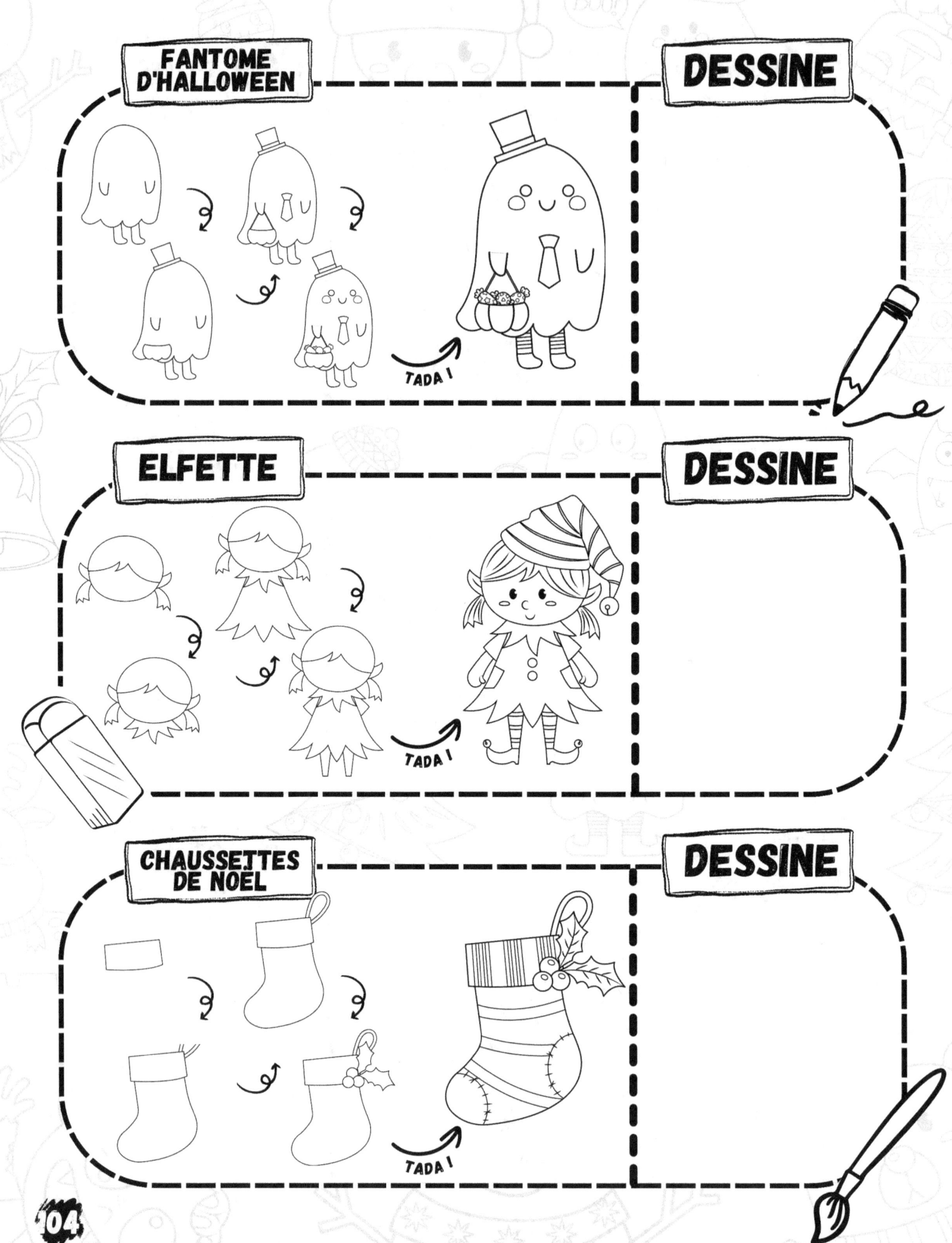

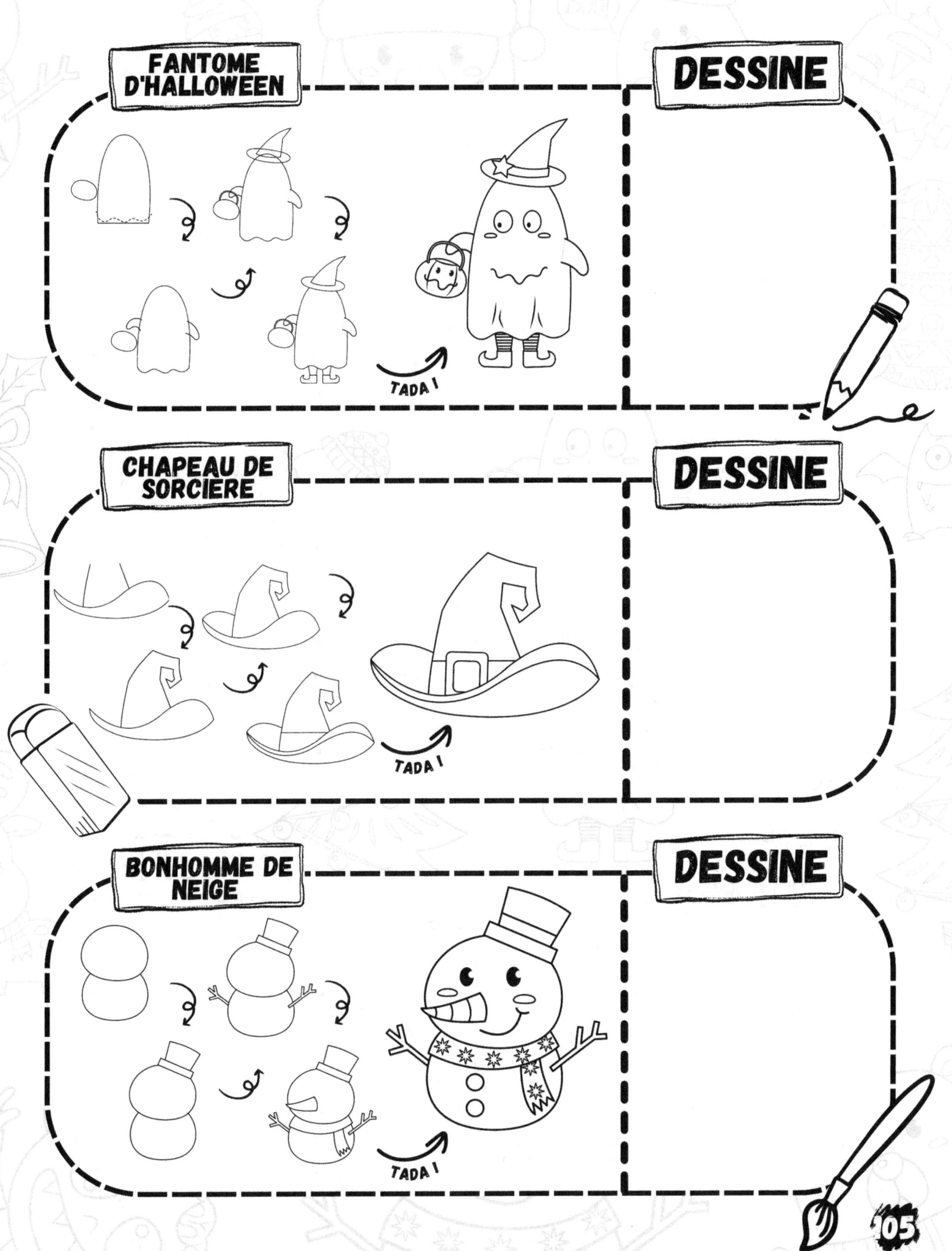

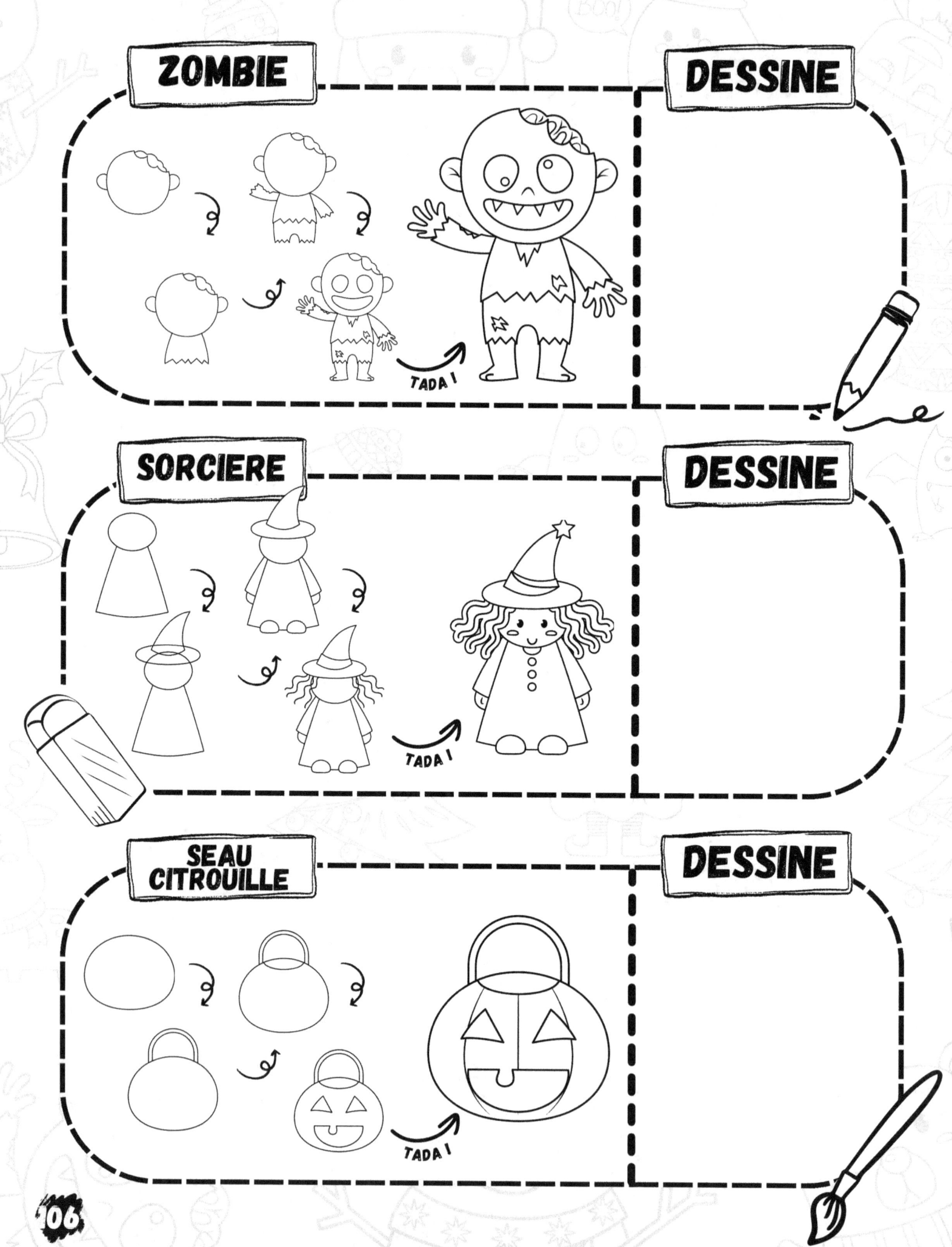

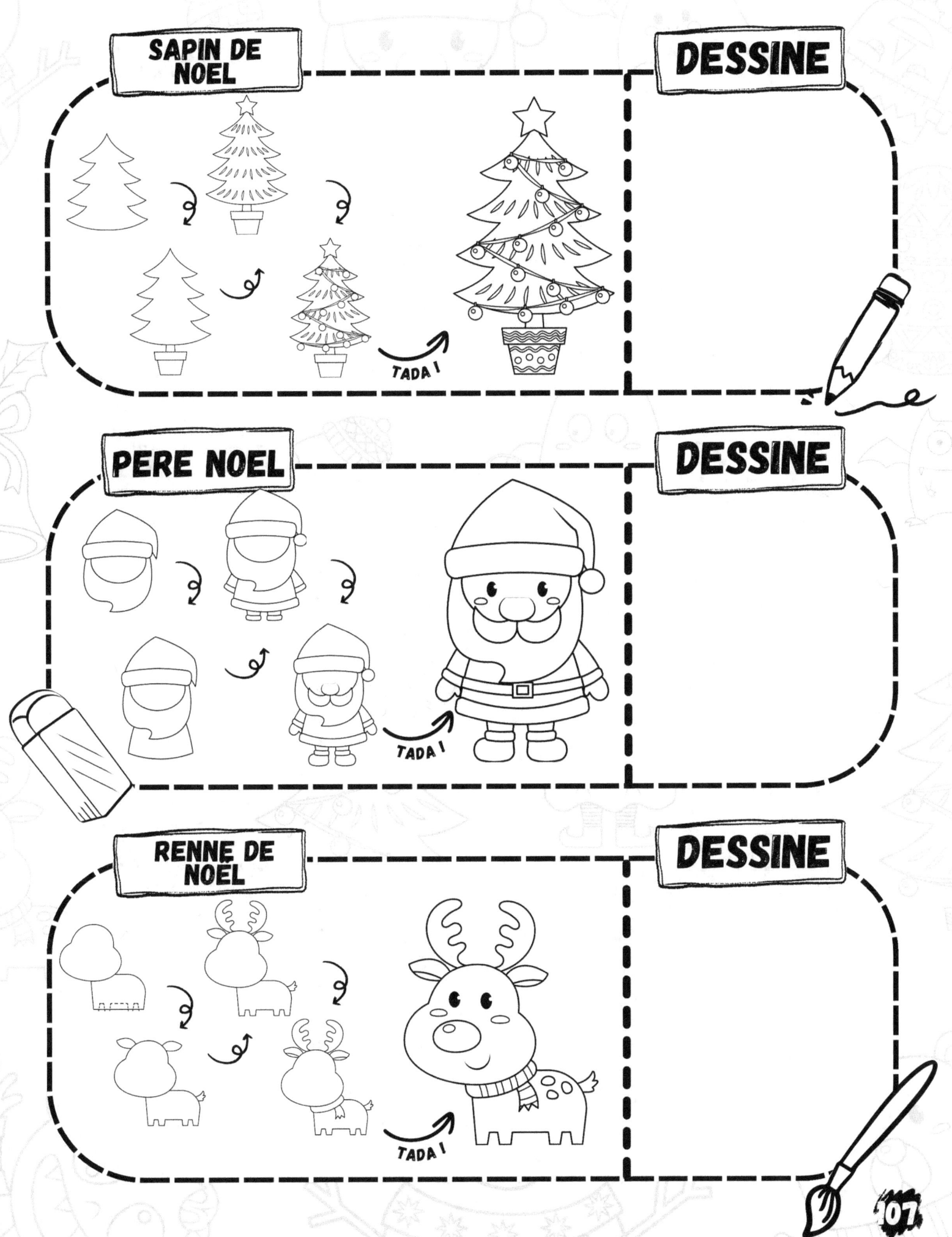

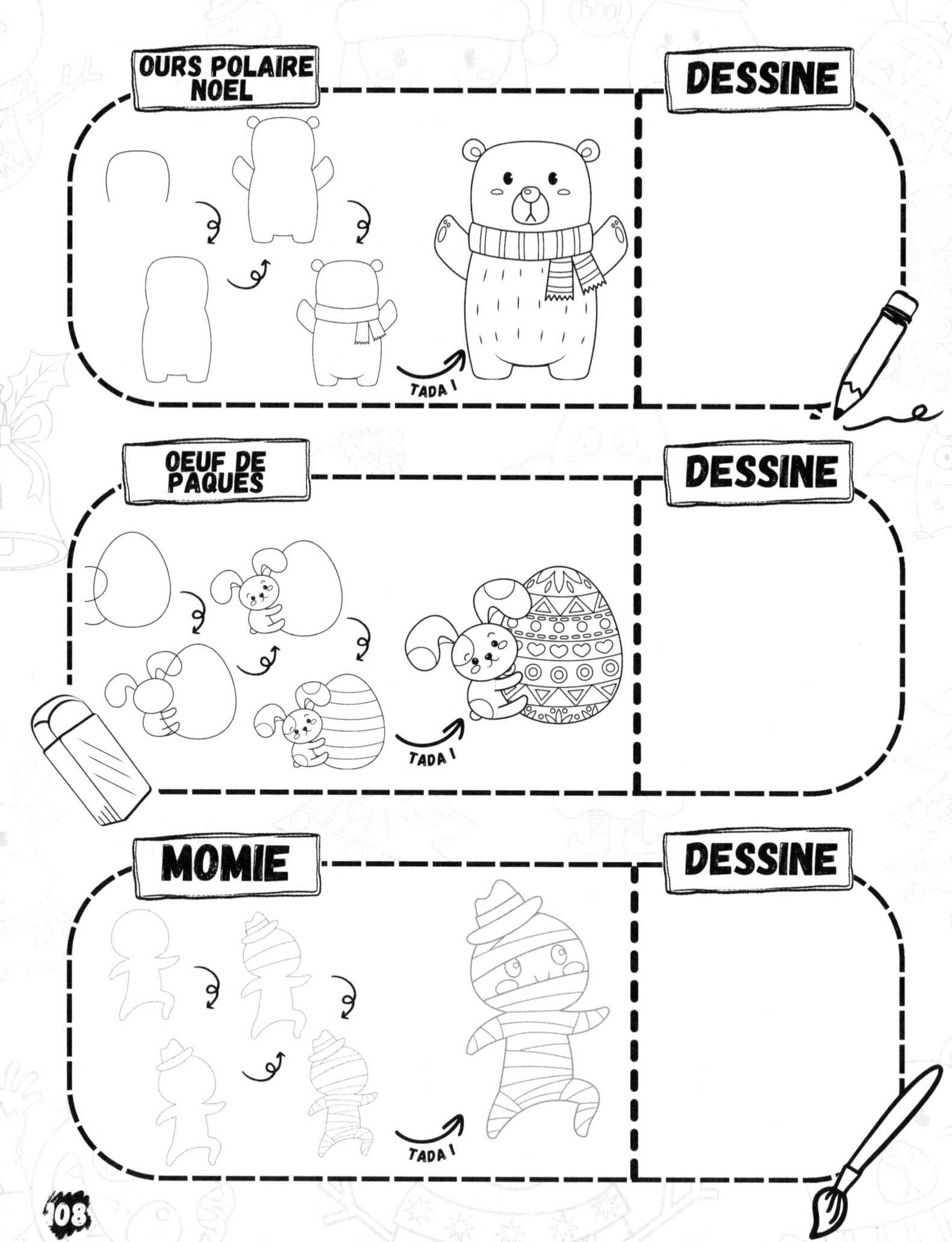

BONUS

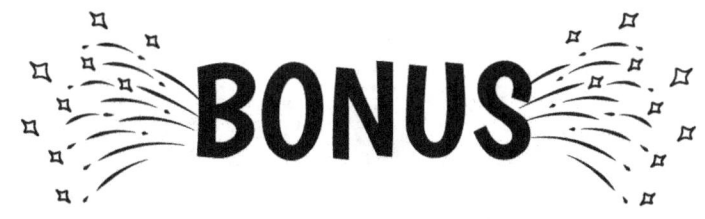

Pour t'aider à colorier tes créations, télécharge gratuitement les versions colorées de tes dessins préférés découverts dans le livre.

Pour accéder à ton bonus, il te suffit de demander à tes parents de scanner le lien ci-dessous.

TELECHARGE ton bonus GRATUIT →

Vous voulez recevoir le prochain volume gratuitement ?

Envoyez-nous dès maintenant un mail à l'adresse *toutdessiner@pbmeditions.fr* et recevez notre prochaine parution gratuitement dès sa sortie !

PENSE À PARTAGER TON EXPERIENCE !

www.ingramcontent.com/pod-product-compliance
Lightning Source LLC
Chambersburg PA
CBHW062111220526
45471CB00010B/3686